文明的细节

追寻古人的风尚

山水时光篇

李东 著

辽宁教育出版社
·沈阳·

图书在版编目（CIP）数据

文明的细节：追寻古人的风尚. 山水时光篇 / 李东著. —沈阳：辽宁教育出版社，2024.6
ISBN 978-7-5549-4055-6

Ⅰ. ①文… Ⅱ. ①李… Ⅲ. ①文化史—中国—古代—通俗读物 Ⅳ. ①K220.3-49

中国国家版本馆CIP数据核字（2024）第026244号

文明的细节 追寻古人的风尚 山水时光篇
WENMING DE XIJIE ZHUIXUN GUREN DE FENGSHANG SHANSHUI SHIGUANG PIAN

出 品 人：张 领
出版发行：辽宁教育出版社（地址：沈阳市和平区十一纬路25号 邮编：110003）
电话：024-23284410（总编室） 024-23284652（购书）
http: // www.lep.com.cn
印　　刷：辽宁新华印务有限公司

责任编辑：赵姝玲 于 薇
封面设计：琥珀视觉
版式设计：熊 飞
责任校对：黄 鲲
幅面尺寸：145mm × 210mm
印　　张：5.5
字　　数：130千字
出版时间：2024年6月第1版
印刷时间：2024年6月第1次印刷

书　　号：ISBN 978-7-5549-4055-6
定　　价：29.80元

前　言

关注中华文明的细节，可以从“中国”二字开始，从一件文物开始。

“何尊”是西周早期周成王时期的一件青铜器，现藏于宝鸡青铜器博物院。内底铸有铭文12行122字，记载了周武王灭商后决定要在天下的中心建都，其中有这样一句话：“余其宅兹中国，自之乂民。”铭文中的“中国”是目前已知“中国”一词的最早记载，作为“定源重器”，成为阐释“何以中国”这一文化主题的点睛之笔。

“宅兹”是“居住在这里”的意思；“中”是一个指事字，本义为中心或当中，指一定范围内部适中的位置；“国”的本字是“或”，“或”字由城池和干戈构成，表示“执干戈以卫社稷”，后来又外加“□”以为国界。周代使用的“中国”称谓至少有四种含义，即地理意义上的“中原”，地区、政治意义上的“天子之国”，民族意义上的“华夏”民族，文化意义上的“中华”文明。从此以后，“中国”一词的内涵逐步跨出了中原，继而指代华夏民族居住地及其所建立的国家。三千年来，埋藏着

“何尊”的泥土和这泥土所属的辽阔大地，都被它命名，这就是“中国”。

中华文明始自涓微，五千年汇聚、凝结，始终沿着民族融合、文化包容、人与自然和谐共生的历史之路不断进步，一如仁人志士的气节与风骨，以自强自立赢得自尊自信，更在人类文明进程中开风气之先，谋人民福祉。

“文明的细节”有历史也有文化，带有思考和自省，是对“尊仁重礼”“家国一体”传统观念的理解，是对“追求极致”“勇于创新”探索精神的认同，是对“文脉绵延”“文华尽汇”中国智慧的弘扬。“追寻古人的风尚”是回溯也是致敬，是对中华民族文化基因的解码，是对中国人心中行为范式、思想观念的寻根。

这注定是一次“温故”之旅，也是一次“知新”之行。人们要不断温习过去的知识，这样才能将其牢牢地掌握，还要积极探索新的领域，这样才可以走在前面；人们既要重视学习历史经验，又要善于从历史经验中提炼真知，由此开创未来。

古人仰望星辰、俯察大地，看阴晴圆缺，感四时之气；也有苦闷迷茫，也有欢喜忧伤，也有彷徨拖延，也有果敢坚强。

山水有情，时光留痕。

让我们在栩栩如生的文化史实面前，感受什么是中华传统文化的精要、精髓，什么是最动听的中国故事。这种感受好似春风化雨，润物无声，心中笃定，“风行千年，尤尚中华”。

目录
/
contents

山水时光篇

亲近自然、五谷丰登、鸟语花香、桃李芬芳、牡丹倾国、西湖踏青、花亘四时、群芳斗艳……绿水青山皆是诗，光阴荏苒有相知。

古人仰望星辰、俯察大地，看阴晴圆缺，感四时之气；也有苦闷迷茫，也有欢喜忧伤，也有彷徨拖延，也有果敢坚强。

敬古人勤学不倦，读书不辍；感古人求真务实，书香浸润。

山水有情，时光留痕。

古人的环保观念也很“酷”

中国人自古就有朴素的环保观念，讲究亲近自然，善待万物。相传，从上古时代的五帝时起，就有专门负责环保工作的部门——“虞”和“衡”，称得上是上古时期的环保部了。而古代最早的“环境部长”，应当就是伯益这个人了。传说，伯益好驯养鸟兽，于是舜任命他管理山林川泽草木鸟兽；到了大禹时代，他辅助大禹治水，引导人们开垦荒地、种植水稻、凿井取水。相传，《山海经》中的很多故事就源自他的日记。

春秋战国时代，思想家、教育家孔子就有

王鉴青绿山水图卷（清）

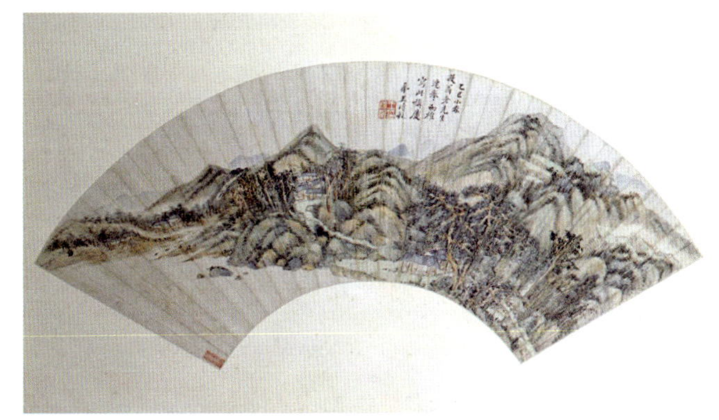

王时敏设色山水图扇页（清）

很鲜明的生态伦理意识。《论语·述而》记载，“子钓而不纲，弋不射宿”，意思是说，孔子只钓鱼，但不会用大网去捕鱼；孔子用带生丝的箭射鸟，但不射那些栖息在鸟巢里的鸟儿。这显示出孔子的仁者情怀，如果用大网截流来捕鱼，那么大鱼、小鱼都被捕上来，不利于鱼儿的繁殖和生长；猎人不打窝里的动物、射箭不射鸟巢中的鸟儿，同样是出于保护鸟儿繁衍生息的仁爱之心。

孟子说：“数罟（cù gǔ）不入洿（wū）池，鱼鳖不可胜食也；斧斤以时入山林，材木不可胜用也。”意思是说，不用细密的网去捕鱼，那么鱼鳖之类的水产就会总有，吃也吃不完；按一定的季节入山伐木，木材就不会被砍光，还会继续生长，用也用不完。孟子述说：“苟得其养，无物不长；苟失其养，无物不消。”意思是说：“凡事如果能够得到好好的养护，没有东西不能生长；如果失去护养，没有东西不会消亡。”孟子有感于牛山的树木被乱砍滥伐，提醒人们反思，爱护山林就是修养善心，树木得到爱护，就会休养生息、枝繁叶茂。

董其昌仿黄公望山水卷（明）

春秋时期著名的政治家管仲在齐国推行改革，曾规定“泽立三虞”“山立三衡”，也就是设置专门的机构让官吏统一管理山林河泽。历史上，秦朝以及后来的封建王朝，都设有专门的环保机构。

古人不仅在观念上重视环保，在生产、生活实践中也身体力行。水是生命之源，古人挖井来饮用地下水。《周易》井卦中提到的“井甃（zhòu）”是指用陶泥烧制的井壁，这种井壁能够防止地下杂物污染水源。古人还会在井口安装“井干（榦，gàn）”，也就是井上围栏，来预防地上杂物污染水源。古人不会饮用有淤泥的井水，他们会年年淘洗、清理饮水井。古人还注重清扫街道，让生活远离尘土。早在汉代，我国就有洒水车了。《后汉书·张让传》记载：“作翻车渴乌施于桥西，用洒南北郊路，以省百姓洒道之费。”说的就是，当时的人们制作了“翻车”这种机械工具，用以把河里的水提上来，浇洒在桥梁、道路上，荡涤尘埃，滋润环境。

“绿水青山就是金山银山”，从古至今，中华文化都提倡尊重自然，顺应自然，保护自然。我们要像爱护眼睛一样爱护生态

郎世宁花鸟图轴（清）

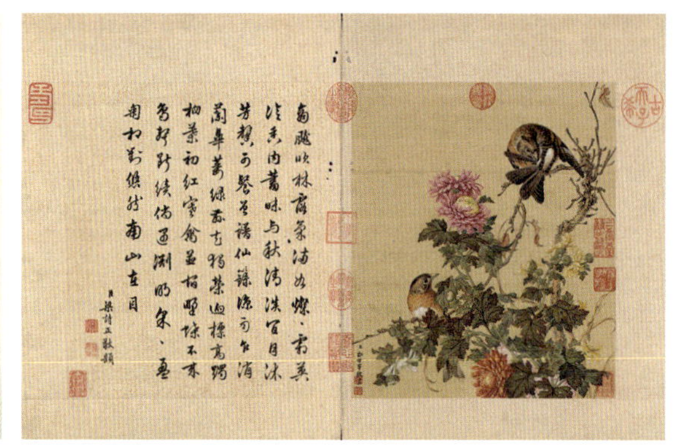

郎世宁花鸟图册（清）

画珐琅花鸟纹瓶（清·乾隆）

藕荷地粉彩花鸟纹圆盒（清·光绪）

环境，像对待生命一样对待生态环境，加快形成绿色生产方式和生活方式，使我们的祖国天更蓝、山更绿、水更清。

诗文雅韵

寄旧山僧

唐·王建

因依老宿发心初，半学修心半读书。

雪后每常同席卧，花时未省两山居。

猎人箭底求伤雁，钓户竿头乞活鱼。

一向风尘取烦恼，不知衰病日难除。

在古代诗词中，有很多作品表现出对自然环境的关爱之情。诗人赞美生命，呵护生灵，提倡保护野生动物，传递着与自然界和谐共生的开明思想。“猎人箭底求伤雁，钓户竿头乞活鱼”态度鲜明地褒扬了怜爱动物、救助生命的善良行为。“求”字和“乞”字格外传神，生动地刻画了古人珍重生命的怜爱之心。类似的诗句还有“谁道群生性命微？一般骨肉一般皮。劝君莫打枝头鸟，子在巢中望母归。”（唐·白居易《鸟》）这些诗句朴实自然却饱含深情，真诚地劝诫人们怜惜小鸟，以“子望母归”的同情心善待野生动物。王建的另一诗作《题金家竹溪》有“山头鹿下长惊犬，池面鱼行不怕人”，描绘了人与野生动物和谐相处的美好画面。

经由这些诗句，我们应该能够想见古人所追求的“天地万物和谐共生”是怎样一种境界，正如唐代诗人王勃《滕王阁序》中那脍炙人口的语句：“落霞与孤鹜齐飞，秋水共长天一色。”或者是南宋词人辛弃疾在《西江月·夜行黄沙道中》中的词句：“明月别枝惊鹊，清风半夜鸣蝉。稻花香里说丰年，听取蛙声一片。”

文史小贴士

虞衡

虞衡是中国古代掌管山林川泽的官职统称。《周礼》中有“山虞”“林衡”“泽虞”“川衡”等职，统称为“虞衡”；《诗经》《左传》《国语》《夏小正》彝铭和诸子书中，也可见此类官吏的记载，其主要职责是组织山泽资源的生产，对相关农民管理和征赋等。

井甃

井甃是古代水井的井壁，始见于战国时期，多为陶质的井圈垒砌而成，使井水清洁。历史上，井甃的口径、高度各不相同，大致的规律是时代早的圈高而径小，时代晚的圈矮而径大。井甃的胎质多为泥质灰陶，也有细砂质灰陶和红陶，也发现有胎泥中掺有麦秸与谷壳，圈的外壁饰有绳纹。

渴乌

渴乌是古代使用的一种利用大气压力引水的器具，即现代物理学所称的“虹吸管”。

古人感恩天地，所谓“五谷”原来是这样

说到“五谷丰登”这个词，您仔细研究过吗？这“五谷”究竟是哪“五谷”，“五谷”之说又是从何而来呢？

早在春秋战国时期，记载孔子言行的《论语》中，就出现了关于“五谷”的记载。《微子篇》讲了一个有趣的故事，说孔子的学生子路跟随孔子出行，走着走着就落在了后面，沿途遇见一位农民伯伯，子路就问老人家：“子见夫子乎？”意思是：“您瞧见我的老师了

董诰万亩登丰图卷（清）

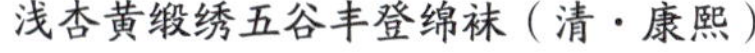

浅杏黄缎绣五谷丰登绵袜（清·康熙）　胤禛耕织图册·收刈页（清）

吗？”结果这位农民伯伯毫不客气地回答说：“四体不勤，五谷不分，孰为夫子？”意思是：“你这人四肢不劳动，五谷不能分辨，什么人是你的老师呀？”这段记载中明确地出现了“五谷”的说法。

在中国古代，“五谷”专指几种具体的农作物。历来有两种解释，一种说法是稻、黍、稷、麦、菽，另一种说法是麻、黍、稷、麦、菽。区别在于前者有稻无麻，而后者有麻无稻。如果把两种说法合在一起，就是六种农作物。战国后期《吕氏春秋》中就记载了六种农作物，分别是“禾”“黍”“稻”“麻”“菽”“麦”。

“稷”在古代典籍中有三种说法：一说是“粟”，就是“谷子”，加工之后是“小米”；二说是“黍类不黏者”，《本草纲目》记载：“稷与黍，一类二种也。黏者为黍，不黏者为稷。”三说是高粱。无论如何，“稷”在中国古代是非常重要的粮食作物，管理农事的官叫“稷官”；“稷”也被尊为百谷之长，常用作五谷的总名；“稷”还是五谷之神，“稷祠”“稷庙”都是祭祀稷神的地方。在今天北京的中山公园，还保留着我国现存唯一的封建帝王祭祀社稷神的国家祭坛“社稷坛”，“社”指土神，“稷”指谷神。“社稷坛”为正方形，总共有三层，以青白石砌筑，上层按东青、南红、西白、北黑、中黄铺设五色坛土，俗称“五色土”，象征“普天之下，莫非王土”；坛中央立“社主石”，亦称“江山石”，上锐下方，表示“江山永固”。所以，“江山社稷”又成为国家的代称。

“黍”指的是黄米，煮熟后有黏性，可以酿酒、做糕；“菽”是豆类的总称；“麻”在三国之前专指“大麻”，其茎皮纤维强韧，可作纺织布匹的原料；“稻”即今天所说的“水稻”，是原产于我国的农作物，籽实叫“稻谷”，去壳后叫“稻米”；“麦”早先指“大麦”，小麦引进后才有“大麦”与“小麦”之分，汉唐以来因小麦的粉食技术得到普及，“麦”多指小麦。

《诗经》被誉为中国文学史上第一部诗歌总集，其中有一篇“丰年”，写的就是“丰收之年”，其中有这样的记载：“丰年多黍多稌，亦有高廪，万亿及秭。为酒为醴，烝畀祖妣，以洽百礼，降福孔皆。”大概的意思是说：丰收之年，一派热闹、繁忙的景象；谷物收成好，

粉彩耕织图碗（清·嘉庆）

用车载、用斗量；谷场边有高耸的粮仓，亿万斛粮食好好储藏；粮食酿成美酒，做成玉露琼浆，人们推杯换盏，畅饮千杯万觞；还要举行隆重的祭祀，在祖先的灵前虔诚祭奠，保佑千家万户洪福齐天、和乐安康。由此可见古人对丰收的渴望，“五谷丰登”是人们对于美好生活的真诚向往。

诗文雅韵

悯农·其一

唐·李绅

春种一粒粟，秋收万颗子。

四海无闲田，农夫犹饿死。

悯农·其二

锄禾日当午，汗滴禾下土。

谁知盘中餐，粒粒皆辛苦？

诗人李绅生活在唐代中期，距今1200多年。期间，这首诗被人们不停地传诵，显示出其强大的生命力。根据史料推断，这两首诗大概作于公元799年（唐德宗贞元十五年），当时李绅27岁左右。青年李绅有感于农民的悲苦境遇，以同情和悲愤的心情写出了心中所感，使得这两首诗带有批判现实的色彩，李绅因此被誉为“悯农诗人”。

"春种一粒粟，秋收万颗子。"粮食生产是人类文明发展的物质基础，更是中国古代社会极为重视的"江山社稷"。"四海无闲田，农夫犹饿死。"辛勤劳作的人们并不是丰收果实的享用者，残酷的社会现实被揭露出来。"锄禾日当午，汗滴禾下土。"农夫耕作的细节十分细致、生动，辛苦的汗水滴在土地上，耕种土地的艰辛可想而知。"谁知盘中餐，粒粒皆辛苦？"以反问的语气讲出朴实的道理，粒粒粮食与滴滴汗水形成呼应。

文史小贴士

稷祠

稷祠是古代祭祀五谷神的场所。《史记·封禅书》："自禹兴而修社祀，后稷稼穑，故有稷祠，郊社所从来尚矣。"

稌

稌是古代对稻的称谓，也有一种说法专指糯稻，还有一种说法专指粳稻。

廪

廪是古代储存粮食的设施，即米仓。《周礼》中有专门管理粮仓的官员，叫"廪人"。在古代，仓和廪并不完全一样，仓用来藏谷，廪用来藏米，合称"仓廪"，泛指粮库。

吉祥的鸟儿寓意深

鸟是人类的伙伴，古人赋予一些鸟儿十分美好的寓意。

在中国古代神话传说中，有一种神鸟，它体态很像锦鸡，生性高洁，为“百鸟之王”，雄为“凤”，雌为“凰”，通称为“凤凰”。关于“凤凰”的由来，有一个“玄鸟生商”的典故：远古时黄河之滨，有一只玄鸟唱着歌儿从天空飞过，落下一枚鸟蛋，被一名叫作简狄的女子吞下；简狄生下了一个儿子，叫作阏伯，后来成为商族部落的始祖。再比如“凤鸣岐山”的传说：周朝即将兴盛之前，其山上

青花花鸟纹盖罐（清·顺治）

青花花鸟纹梅瓶（明·嘉靖）

有凤凰栖息鸣叫，世人都说是周文王的“德政”引来了凤凰，这是王朝兴盛的吉兆。后来，“凤凰”被视作帝王治世成功、王道将兴的信号；更是吉祥的征兆，祥瑞的感应。据说凤凰“饮必择食”“栖必择枝”，凤凰出现则预示天下太平、吉祥如意。凤凰在五行中属火，按照《春秋·演礼图》的说法：“凤，火精。”说明凤凰代表着一种热烈、饱满、蓬勃向上的文化张力。

当然，凤凰并非现实中存在的动物，其形象是人们综合其他禽类和兽类的特点创造出来的，是古人的一种图腾崇拜。《尔雅·释鸟》记载：“鶠，凤；其雌皇。”两晋时期著名文学家郭璞曾为这段话作注，他解释说：“鸡头、蛇颈、燕颔、龟背、鱼尾、五彩色、高六尺许。”

河南省安阳市殷墟妇好墓出土的“妇好玉凤”，向我们展示了凤的灵动与洒脱：高挑修长的身型，尾部长长的翎毛；微微弯曲的嘴部，隐而不见的脚，阳线勾勒的纹饰，不甚明显的眼睛……这一切都具有新石器时代的艺术风格，显然不是商代的作品，应是商代收藏的一件珍贵古玉。这件玉凤的主人妇好，是商王武丁的王后，是中国历史上有文字记载的第一位文武双全的女将军。在古代，凤凰纹饰被赋予丰富的文化内涵：封建统

刺绣牡丹绶带图轴（清·道光）

金鹤（清）

莲鹤方壶（春秋时期）

蜜蜡鹤鹿同春双孔花插（清）

治者将凤凰比喻为皇后，强调其高贵、庄严的地位；而民间则把凤凰作为纯洁、幸福和爱情的象征。人们用“凤凰于飞”“鸾凤和鸣”来祝福新婚夫妇，用“丹凤朝阳”“丹山彩凤”“凤穿牡丹”“百鸟朝凤”“龙凤呈祥”寓意美好、吉祥与光明。

妇好墓中还出土了一件国宝级文物——“鸮尊”，“鸮”即今人俗称的“猫头鹰”，它是商代人们极为推崇和喜爱的神鸟，也有学者将其比喻为“战神鸟”，是克敌制胜的象征。

唐诗里有一种出镜率很高的美丽小鸟，叫作“青鸟”。“益愿狎青鸟，拂衣栖江渍”（唐·李白《题元丹丘颍阳山居》）“蓬山此去无多路，青鸟殷勤为探看”（唐·李商隐《无题》）等诗句中，都写到了它。青鸟体型娇小，体态玲珑，有着青蓝色的美丽羽毛，象征着幸福，寓意对梦想与希望的不懈追求。它是神话传说中为王母娘娘取食传信的神鸟，也是凡间传递音讯的使者。

古代绘画中，有一种特别上镜的美丽鸟儿，叫作“绶带鸟”。顾名思义，它的两根尾羽长达身体的四五倍，形状同绶带一般。由于“绶”与“寿”、“带”与“代”谐音，因此绶带鸟便成了人们心目中长寿的象征。画家常常把它和水仙画在一起，叫作“代代寿仙”。绶带鸟与梅、竹画在一起，表示“齐眉祝寿”。

虚谷梅鹤图轴（清）

与此类似，丹顶鹤亦深受人们的喜爱。河南省新郑市李家楼郑公大墓出土的春秋时期“莲鹤方壶”是一件巨大的盛酒器，顶部铸有盛开的荷花，其中站着一只跃跃欲飞的丹顶鹤，姿态轻盈。古人对于鹤的想象流动飞扬，久而久之丹顶鹤被演绎为沟通天地的“仙鹤”。丹顶鹤与松树一起入画，寓意“松鹤延年”；与鹿和梧桐画在一起，则寓意“鹤鹿同春”。丹顶鹤被称为“一品鸟”，是级别最高文官的纹饰。因为它气质不凡，有君子之风，所以人们用“鹤鸣之士”来形容具有高尚品德的贤能之人。古人喜爱饲养丹顶鹤，北宋有一位文人叫林逋，隐居在杭州孤山，他终身没有娶妻生子，但是他种植梅花，放养仙鹤，被人们称为“梅妻鹤子”。后人以这“梅妻鹤子”来表达对隐逸自得、恬静悠然生活的一种向往。

古人还会把不同寓意的鸟放在一起，组合后传达某种特定的文化含义。比如，一幅画中，同时画着凤、鹤、鸳鸯、鹡鸰和黄莺，就被命名为“五伦图”，用来表示君臣、父子、夫妇、长幼、朋友五伦关系。

在中国古代，有美好寓意的鸟儿还有很多。时至今日，它们仍活跃在中华文化中，作为一种温暖生动的文化符号，传递着人们对美好生活的向往。

诗文雅韵

迎燕

宋·葛天民

咫尺春三月，寻常百姓家。

为迎新燕入，不下旧帘遮。

翅湿沾微雨，泥香带落花。

巢成雏长大，相伴过年华。

这首诗充满了温暖的情调。暮春三月，燕筑新巢，既是大自然的无限春光，也是人世间的幸福时光。在老百姓看来，燕子从不嫌贫爱富、趋炎附势，筑巢于屋檐下，是民生祥瑞之象。所以，当燕子飞入“寻常百姓家”，主人十分热情地迎接燕子归来，而“不下旧帘遮”。燕子十分勤劳，“翅湿沾微雨”描写燕子在暮春的蒙蒙细雨中往来

周之冕双燕鸳鸯图轴（明）

穿梭，忙于筑巢，正好似勤劳的人们终日劳作，打点日常生活。这番景象，便是最生动的人间烟火，“泥香带落花”就是这种温馨场面的真实写照。正如一首歌唱道：“门前老树长新芽，院里枯木又开花……时间都去哪儿了……柴米油盐半辈子，转眼就只剩下满脸的皱纹了……”“巢成雏长大，相伴过年华”，时间积淀为生活的日常，岁月在自然万物的见证下悄然划过。

文史小贴士

凤凰于飞

“凤凰于飞”出自《诗经》的“大雅·卷阿”篇，其中写道：“凤凰于飞，翙翙其羽，亦集爰止。”大意是，凤凰振翅高飞，百鸟仰慕追随。后以凤和凰相谐而飞，比喻夫妻恩爱和谐，用来祝福婚姻美满。

鸾凤和鸣

“鸾”即鸾鸟，出自《山海经·西山经》：“西南三百里曰女床之山……有鸟焉，其状如翟而五采文，名曰鸾鸟，见则天下安宁。”鸾鸟是传说中凤凰一类的鸟，人们以鸾鸟和凤鸟和谐鸣叫比喻夫妻恩爱、家庭和睦。

丹凤朝阳

“丹凤朝阳”出自《诗经》的“大雅·卷阿”篇，其中写道：“凤凰鸣矣，于彼高冈。梧桐生矣，于彼朝阳。”大意是，凤凰在高岗上鸣叫，梧桐生长于此，迎着朝阳生机勃勃。比喻贤能之人将大展才略，也指适逢好的机遇，前途光明。

百鸟朝凤

“百鸟朝凤”出自宋代李昉等《太平御览》第九百一十五卷引《唐书》：“海州言凤见于城上，群鸟数百随之，东北飞向苍梧山。”传说凤为百鸟之王，每当凤出现时，百鸟都会聚集左右、应声鸣唱。旧时比喻君主圣明而得到天下拥戴，后泛指德高望重者得到众人追随。

杏花千年飘香，迎春尤占风华

在我国一些地区，迎春开放最早的花朵是杏花，从每年的2月下旬，一直开到5月底。

杏花是古老的花木，《管子》中就有对杏花的记载。由此可见，杏花在我国至少已有二三千年的栽培历史。

中国古人对杏花的喜爱由来已久，明代有一位名医叫龚廷贤，他写了一本医药书籍《鲁府禁方》，里面写到了一个美容秘方“杨太真红玉膏”，据说是当年杨贵妃美容专用的秘方：将杏仁去皮，取滑石、轻粉各等份，

缂丝乾隆御笔梅杏图轴（清）

爱上紫禁城——杏花

共研末，蒸过，入龙脑、麝香少许，以鸡蛋清调匀，早晚洗面后敷之，有“令面红润悦泽，旬日后色如红玉”的功效。另外，杏花还具有补中益气、祛风通络的作用，可营养肌肤，祛除脸上的粉滓。如果将杏花熬粥服用，可以借米谷助其药力，让肠胃充分吸收其内含的活性成分，预防粉刺和黑斑的产生。

宋徽宗喜爱杏花，在词中感慨：“裁翦冰绡，打叠数重，冷淡燕脂匀注。新样靓妆，艳溢香融，羞杀蕊珠宫女。”（《燕山亭》）意思是说，杏花好似剪裁好的白色丝绸，叠成数层，又将浅淡的胭脂均匀地涂抹，宛如穿着簇新的漂亮衣服，艳丽的色彩融入四溢的清香，简直羞杀了天上蕊珠宫的仙女。

南宋著名诗人杨万里对杏花的观察十分细致，他发现杏花有变色的特点，含苞待放时，朵朵艳红，随着花瓣的伸展，色彩由浓渐渐转淡，到谢落时就成雪白一片。于是在诗中写道：“道白非真白，言红不若红。请君红白外，别眼看天工。”（《杏花》）

王安石在《北陂杏花》诗中也把杏花飘落比作纷飞的白雪，

咏叹道："一陂春水绕花身，花影妖娆各占春。纵被春风吹作雪，绝胜南陌碾成尘。"意思是围绕着杏花的是满塘春水，岸上的花、水中的花影，都是那么鲜艳动人。即使被东风吹落，飘飘似雪，也远胜那路旁的野花被碾为尘土的命运。陆游在《临安春雨初霁》中写道："小楼一夜听春雨，深巷明朝卖杏花。"当然，最著名的一首诗，大家都会背，唐朝杜牧的《清明》："借问酒家何处有，牧童遥指杏花村。"你看，杏花的倩影在我们的传统文化中比比皆是。

在中国古代，杏花是十二花神之二月花，足显它的地位之高。盛开时的杏花，艳态娇姿，繁花丽色，胭脂万点，占尽春风，真可谓杏花千年飘香，迎春尤占风华。

诗文雅韵

玉楼春·春景

宋·宋祁

东城渐觉风光好，縠皱波纹迎客棹。
绿杨烟外晓寒轻，红杏枝头春意闹。
浮生长恨欢娱少，肯爱千金轻一笑。
为君持酒劝斜阳，且向花间留晚照。

这是一首歌咏春天的诗，更因一句"红杏枝头春意闹"成为千古绝唱，王国维在《人间词话》中说："着一'闹'字而境界全出。”

“东城渐觉风光好”写初春的美景，一个“渐”字道出了经寒渐暖的阳春时令。“縠皱波纹迎客棹”运用了拟人手法，将那漾动在水面的细小波纹比拟成盈盈笑脸，迎接客船的到来。“绿杨烟外晓寒轻”写的是“春意”，也透露着作者的“心意”，一个“轻”字一扫冬日的沉重，凸显春日的轻灵。紧接着便是点睛之笔“红杏枝头春意闹”，用杏花的盛开，将春日景色的描写推向高潮。

词的下片，感叹春光易逝，岁月如梭，浮生若梦。“浮生长恨欢娱少，肯爱千金轻一笑”以官务缠身反衬春光的烂漫和恣意，慨叹人生苦多乐少。随即发出了宁弃“千金”而不愿错过春光“一笑”的心底呼唤，更显出春天的无比珍贵与可爱。由此，作者禁不住为了友人“持酒劝斜阳”，希望这光阴美景多停留一会儿，惜春、恋春之情溢于言表。

文史小贴士

《管子》

《管子》是中国古代一部综汇百家的学术著作，在哲学思想、人性认识论、经济思想等方面颇有建树。托名春秋时期齐国名相管仲所作。

《管子》记述了管仲的思想和言行，还记述了不少管仲之后的史实，最后由西汉刘向编订完成。

所谓“桃李芬芳”，“桃花”和“李花”竟如此不同

我们经常用“桃李芬芳”形容美好的事物，《诗经·召南》有云：“何彼襛矣，华如桃李。”意思是说：“如此繁盛绚烂的景象，正如桃花李花般娇艳可爱。”三国的曹植在诗中写道：“南国有佳人，容华若桃李。”（《杂诗七首（其四）》）意思是说：“在南方有一位美丽的姑娘，她的面容若桃花般芳艳，如李花般清丽。”

但是自古以来，在文人墨客的笔下，“桃花”和“李花”还是有很大的不同。相比之下“桃花”的名气更大一些，也更被人们所熟知；李花的名气则不及桃花，有时候还给桃花做陪衬。

粉彩九桃瓶（清·乾隆）

匏制福寿纹桃式盒（清）　剔彩福禄寿三桃纹圆盘（明·嘉靖）

其实，这李树和李花是大有来头的。东晋道教学者葛洪写了一本志怪小说集《神仙传》，里面讲了一个故事：“老子之母，适至李树下而生老子，生而能言，指李树曰：‘以此为我姓。’”老子姓李名聃，自打他出生，就与李树、李花结下不解之缘，指树为姓，一生李花荡漾。从这以后，这李花就带着点仙气。在唐代，诗仙李白也被这“李花”的仙气所沾染。有民间传说，“李白”这个名字和李花有关。传说李白七岁时，父亲闲庭信步，望着满园春色吟诗道：“春国送暖百花开，迎春绽金它先来。”母亲接了一句“火烧叶林红霞落”，至此，只差一句即可成诗。就在这个时候，李白来到李树前吟出一句“李花怒放一树白”。花也清丽，人也聪明，自此“李白”之名流芳千古。

宋代的文人雅士更加钟情于至纯至洁的李花，认为李花更符合他们向往的内敛含蓄的精神风貌。南宋大诗人杨万里是李花的忠实粉丝，他咏叹李花的诗句不下二十首：“南中春更早，腊日李花开”（《汤田早行见李花甚盛二首》）；“行穿锦巷入雪巷，看尽桃花到李花”（《辛酉正月十一日东园桃李盛开》）；“今宵无月不须灯，千树李花如昼明”（《二月十日留子西材翁二弟晚酌》）；“三月风光一岁无，杏花欲过李花初”（《寒食相将诸子游翟园得十诗》）；“李花半落雪成堆，末后桃花陆续开”（《郡圃晓步因登披仙阁》）。

玻璃胎画珐琅桃实鼻烟壶

南宋诗人刘克庄甚至为李花鸣不平，他认为唐朝人抬举了桃花，没有真正读懂李花的高洁品性：“为爱桥边半树斜，解衣贳酒隔桥家。唐人苦死无标致，只识玄都观里花。”（《路傍桃树》）

所以，今天当我们说“桃李芬芳”这句话的时候，不仅要夸赞桃花的明媚鲜妍，也要记得李花的洁白淡雅，这才是完整的“桃李芬芳”。

诗文雅韵

竹枝词

唐·刘禹锡

山上层层桃李花，云间烟火是人家。
银钏金钗来负水，长刀短笠去烧畲。

“竹枝词”原为巴渝地区的一种民歌，内容多写当地风物和男女恋情，极富地方色彩。刘禹锡曾任夔州刺史，依其曲调写成《竹枝词》两组，这首诗是《竹枝词九首》中的最后一首，勾勒出一幅巴东山区人们的生活风俗画。

诗的开头以“山”字领起，一幅春山远景图立在眼前。“桃李花”的表述很符合山地气候的特有景象，俗谚说“桃花开，李花败”，一般都是李花先开而后桃花盛开，但是山地独特的气候使得桃花、李花同时盛开，且繁茂鼎盛，是为“山上层层桃李花”。接下来由景及人，遥望山上，在花木掩映之中升起袅袅炊烟，这就是山民的世俗生活，美景山林中的人间烟火。当诗人走进山村，走近这一群勤劳质朴的山村居民，眼见“银钏金钗”的青年妇女和“长刀短笠”的壮年男子，担水做饭、烧荒播种，不禁感动于这劳动创造的生活，自有风情，令人赏心悦目。

文史小贴士

《神仙传》

《神仙传》是东晋葛洪所撰的一部志怪小说集，共10卷，是其所著道教经典《抱朴子·内篇》的案例辅教之作，以具体人物事迹阐释他的“神仙实有”“仙学可致”的主旨。其中的故事，情节大多复杂、奇特，想象丰富，记叙生动，体现了魏晋时期的神仙观念及魏晋文士风气。其中不少人物常为后世养生文献所引用，一些成语和典故，如“沧海桑田”“一人得道，鸡犬升天”“杏林”“橘井”等，大众耳熟能详。

牡丹倾国，更因武则天情有独钟

唐代文学家刘禹锡有一首《赏牡丹》，诗中写道："庭前芍药妖无格，池上芙蕖净少情。唯有牡丹真国色，花开时节动京城。"

这首诗写了三种花，芍药和芙蕖本来是人们都很喜欢的花卉，而刘禹锡觉得芍药虽然美丽，但缺乏品格。"芙蕖"就是荷花，虽然纯净，但缺乏热情。"唯有牡丹真国色"，可见诗人对牡丹的珍爱。所谓"国色"本是指一国一城中最美的女子，这里用来比喻牡丹，说牡

牡丹图页（宋）

青花牡丹盘（明·天顺）

丹姿色超群，也是倾国倾城了。“花开时节动京城”则描绘了京城百姓在牡丹怒放的时节，竞相赏花的热闹场面。短短的四句诗，写了三种有名的花卉，其中又深含了诗人的审美取向；将本来无所谓格调高下的花朵，与人们的复杂感情结合起来，用拟人化的手法烘托事物，生动巧妙地把自然美融入艺术美之中。

其实，牡丹在唐代以前并不出名，“牡丹”二字最早的记载，大约也就是在南北朝时期谢灵运所写《游名山记》当中。但是有研究者认为，当时谢灵运所说的“牡丹”，并不是今天我们所熟知的“牡丹”，而是一种生长在江浙地区的草药，名为“百两金”。直到隋朝的《种植法》中都不曾见过

剔红牡丹纹脚踏（明·永乐）

剔红双层牡丹纹圆盘（明·永乐）

刺绣牡丹锦鸡图轴（清·乾隆）

粉彩锦鸡牡丹纹盘（清·雍正）

关于牡丹花的记载，那个时候的牡丹被称为“木芍药”，生长于山野，因其根可以入药，枝干水分少、容易点燃，因此被山民当作柴烧。

牡丹贵为“国色天香”，主要是因为武则天对她的喜爱。唐代舒元舆的《牡丹赋》序文提到：“天后之乡，西河也，有众香精舍，下有牡丹，其花特异。天后叹上苑之有阙，因命移植焉。由此京国牡丹，日月寖盛。”据说武则天的家乡有一座众香寺，寺内种植着一种美丽的白牡丹。武则天得知后便差人移植回长安宫中，牡丹也因此从山野的“村姑”一跃成为宫中的“贵人”。随后，牡丹便在长安流传开来。牡丹花开时，花香四溢，花蕊如金丝一般，人们纷纷称赞这花儿真的是“秀外慧中”。经过多年的栽培和推广，牡丹渐渐从皇宫扩展到衙署、寺庙、私家庭院。到了唐开元年间，种植牡丹已经成为上流阶层的一大爱好，也开始出现大量关于牡丹的诗文。

唐代著名画家周昉的名作《簪花仕女图》，画作中右边的仕女，头上就插着一朵硕大的牡丹花，可见当时人们对牡丹的崇尚。到了宋代，尤其是南宋时期，随着政治中心南移，观赏牡丹之风也传入江南。

其实，抛开作为观赏花卉的牡丹不谈，野生的牡丹本是药用植物。千百年来，它栉风沐雨，顽强生长，乃是大自然带给人们的珍贵礼物。

诗文雅韵

思黯南墅赏牡丹

唐 · 刘禹锡

偶然相遇人间世，合在增城阿姥家。

有此倾城好颜色，天教晚发赛诸花。

在唐代，人们对牡丹的钟爱已经到了无以复加的程度。刘禹锡写了多首夸赞牡丹的诗作。唐人爱牡丹，赞其“国色天香”“秀外慧中”。刘禹锡也认为牡丹花乃日月精华，如此漂亮的花朵，想必应该生长在昆仑仙境西王母家，人间得见，实乃荣幸至极。正因为世人对牡丹的重视和喜爱，才会有牡丹“倾城”。每年四五月份，整个京城为之倾倒。白居易有诗云“花开花落二十日，一城之人皆若狂”。牡丹“颜色倾城”，却俏不争春，它只开在暮春之时，正所谓“天教晚发”；又集众芳之长，婀娜而不失端庄，顾盼之间百媚生。此种端正华贵之美，令人心醉，更令群芳失色。故此，牡丹被誉为“天之国色”，当之无愧。

文史小贴士

《簪花仕女图》

《簪花仕女图》是唐代画家周昉创作的一幅画作，为粗绢本，不设背景，以工笔重彩绘仕女五人，女侍一人，另有小狗、白鹤及辛夷花点缀其间。仕女皆体态丰腴，婀娜窈窕，或戏犬，或拈花，或捕蝶，或沉思，尽显端庄典雅的贵族妇女形象。发式皆为高耸云髻，依次簪有牡丹、芍药、荷花、绣球等折枝花及步摇。其脸庞圆润，眉毛皆作蛾眉，中间饰有金花子。衣饰俱为透体敞领的宽肥外衣，内着束至胸部的长裙，并皆佩披肩。现藏于辽宁省博物馆。

开春踏青，乾隆最爱西湖

春天，许多人都选择迈开脚步，出门踏青。话说这开春踏青由来已久，它的源头可以追溯到远古农耕祭祀的迎春习俗。《尚书大传》记载：“春，出也，万物之出也。”早在西周时期，每当冬末春初万物萌生的时候，迎春郊游于野外就已成为礼制。据《礼记·月令》记载：“立春之日，天子亲帅三公、九卿、诸侯、大夫，以迎春于东郊。”春秋战国时期，齐国有“放春三月观于野”的习俗，鲁

白色纳纱西湖风景图达婆衣（清·光绪）

国、楚国也有春日出游的习俗。《论语·先进》中有一段记载：“莫（暮）春者，春服既成，冠者五六人，童子六七人，浴乎沂，风乎舞雩，咏而归。”意思是，在暮春三月，穿上春天的衣服，约上五六人，带上六七个童子，在沂水边沐浴，在高坡上吹风，一路唱着歌，高兴地回来。

乾隆款胭脂红彩山水图瓶（清·乾隆）

开春踏青，普通人到郊外吹吹风也就罢了，如果是一位帝王，开春踏青最理想的地方是哪里呢？清朝的乾隆皇帝，最向往的地方就是杭州西湖。历史记载，乾隆曾六次下江南，分别是十六年（1751）、二十二年（1757）、二十七年（1762）、三十年（1765）、四十五年（1780）、四十九年（1784），历时33年。乾隆的这六次南巡，时间均在初春之际离京，暮春之前回銮，真真是一次超级踏青旅游活动。

据考证，公元1751年乾隆皇帝第一次南巡时，杭州人关槐献上了《清乾隆西湖行宫图》。这是一份了不起的“西湖地区踏青旅游手绘指南”，行宫图全长九米多，全图把西湖全景分绘成东西南北中五段，用鸟瞰的形式，运用写实的画法，仔细描绘了行宫的地理位置，以及各景点的具体方位，甚至包括行宫至各景点间的具体里程。其中，对众多名胜景点标有文字注释，为皇帝出游提供了方便的指南。

如果你想知道两百多年前西湖的样子，请看《西湖行宫图》：那时候，白堤和苏堤上都有精致的亭子，白堤上有两座，苏堤上有六座；南高峰上有三层宝塔；还有很多如今已销声匿迹的古老寺庙。你也会发现，后来的一些西湖美景，乾隆那个时候还看不到：当时，湖中的阮公墩还不见踪影，杨公堤也因为淤泥还看不出具体模样。

尽管三十三年间六下江南，但乾隆毕竟大多数时间不在江南。想念时怎么办呢？就把西湖画下来。据说，乾隆皇帝七十三岁时，在承德避暑山庄亲笔画了一幅《西湖图》。

踏青、郊游、画手账。

徐扬乾隆皇帝南巡图卷之返回京师（清·乾隆）

饮湖上初晴后雨·其二

北宋·苏轼

水光潋滟晴方好，山色空蒙雨亦奇。

欲把西湖比西子，淡妆浓抹总相宜。

苏轼的这首诗，写于他到杭州任通判时（宋神宗熙宁四年至七年，即1071—1074）。在他所写的大量咏西湖美景的诗篇中，这首诗堪称是“前无古人，后无来者”，其历史影响之大，几乎使后来咏西湖者搁笔。林语堂曾感叹说：“西湖的诗情画意，非苏东坡的诗思不足以极其妙；苏东坡的诗意，非遇西湖的诗情画意不足以尽其才。”

明人汪珂玉在《西湖拾翠余谈》中这样形容西湖的美景：“西湖之胜，晴湖不如雨湖，雨湖不如月湖，月湖不如雪湖……能真正领山水之绝者，尘世有几人哉？”“能真正领山水之绝者”，苏轼绝对算一个。他不仅写“晴湖”、写“雨湖”，认为西湖之美晴雨皆宜，更用美妙的联想，把西湖和西子相比。从此，因为这个贴切而富有诗意的比喻，西湖赢得了“西子湖”的美誉。苏轼本人对这一比喻也很得意，曾在诗歌创作中多次运用，如“西湖真西子，烟树点眉目”（《次韵刘景文登介亭》）“只有西湖似西子，故应宛转为君容”（《次前韵答马忠玉》）等。

这首诗仅用短短的二十八个字就将西湖晴雨景观生动形象地描绘出来，呈现出西湖美景风光旖旎、妩媚多姿的神态，抒发了诗人对大自然的热爱与向往，是一首心与景会，融情入景的佳作。

文史小贴士

《清乾隆西湖行宫图》

《清乾隆西湖行宫图》是一份由御用画师为乾隆皇帝独家定制的西湖手绘地图，作者为关槐。此图为卷轴装，绢本彩绘，长950厘米，宽34.5厘米；由内务府造办处舆图房负责绘制，关槐执笔，图上盖有乾隆御印。1751年，乾隆帝第一次南巡时，关槐献上了《清乾隆西湖行宫图》。

关槐，杭州人，1780年中进士，二甲头名，入选翰林编修，后供奉内廷，成为御用画师，其画颇受乾隆皇帝喜爱。

我们脚下的这双鞋，已走过近四千年的路

古人把鞋称为“屦”“履”“屧”“屐”“鞮”等，其中大有文章。

从考古发现看，距今5000多年前的仰韶文化时期，出现了兽皮制的最原始的鞋。1980年，新疆社会科学院考古研究所在若羌县境内罗布泊西北雅丹台地的古墓中发现一具成年女尸，在随葬品中发现了一双羊皮女靴，经过科研人员的测定，这些物品的年代距今3880年左右，后来还有专家对这具女尸的样貌进行复原，就是后来众人皆知的“楼兰美女”像。这双靴子，是迄今为止世界上保留最完整、最久

黄色缎钉线虎头小夹鞋（清·同治）

远的靴子，故有“世界第一靴”的美称。

“屦”是鞋的古代称谓，相关的历史文献很丰富。《左传》中有“踊贵屦贱”的故事，说的是齐景公刑罚严苛，很多人遭“刖刑”（被砍去一只脚或双脚），集市上贩卖假脚的商贩很多，甚至出现了假脚贵而鞋子便宜的现象。有古代学者统计了先秦典籍和汉代书籍中的用字，认为：“《易》、《诗》、三《礼》、《春秋传》、《孟子》皆言屦，不言履；周末诸子、汉人书乃言履。”

古代的“屦”分别用草、麻、皮等制成，根据材质、工艺的不同，具体的称呼也很复杂。

商代贵族们脚穿翘头船式样的翘尖鞋，而武士穿的则是薄底翘尖皮鞋。河南安阳出土的商代玉人反映出那时候人们已经脚穿“屦”，这种鞋的外形上还有“鞋翘”。殷商时期的人们已熟练

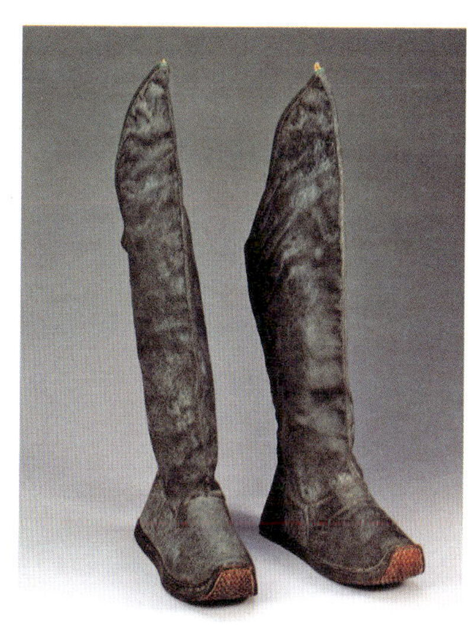

皇太极皂靴（清·皇太极）

黄云缎勾藤米珠靴（清·康熙）

掌握丝织技术，当时的贵族不仅穿皮鞋，还普遍地穿着各种麻鞋和丝鞋。

周代的服饰制度更加完备，从天子到卿士乃至各级官员，服饰各有等差，并且还专门设“司服”一职，掌管服饰的实施。鞋是服饰的组成部分，同样被纳入“礼治”的范畴，成为礼仪中不可缺少的关键内容。《周礼·天官》记载，管理鞋履的职官叫“屦人”，负责掌管天子和王后的服屦，其种类有赤舄、黑舄、素屦、葛屦等。在湖南长沙楚墓出土了一双用皮制的鞋，距今已2000多年，这是我国发现的最早的皮鞋。它采用经过简单鞣制的皮革作帮底，并以皮线手工缝制而成；鞋面由前盖、前尖、后尾三块皮革部件组成，鞋头呈方形款式为无带的套式。经由这件文物，我们可以遥想古人的穿戴。

相较于贵族阶层穿的丝鞋、皮鞋，普通百姓穿的大都是草鞋，即“草屦”，也称“扉”“不借”“菲屦”“菅屦”“葛屦”等。其中，“葛屦”比草鞋要高级些，是用葛藤加工而成，介乎草、麻之间。《诗经·魏风》中有一句：“纠纠葛屦，可以履霜”，意思是“脚上这一双夏天的破凉鞋，怎么能走在满地的寒霜上？”这里就提到了“葛屦”。既然草鞋是平民的日常用品，有人就以编织草鞋为生。《孟子·滕文公上》：“其徒数十人皆衣褐，捆屦织席以为食。”“其”指的是战国时期农学家、思想家许行，他和弟子们就是以编织草鞋、草席来维持生计。

战国之后，古人不再称“屦”，而通称“履”了。《汉书·隽不疑》描写了一个生动的场景：“胜之开阁延请，望见不疑容貌尊严，衣冠甚伟，胜之躧履起迎。”汉武帝时的大臣暴胜之攒饭局，邀请贤达人士隽不疑赴宴，当暴胜之远远看到隽不疑仪表堂堂、风度翩翩且盛装而来时，忙不迭趿拉着鞋起身欢迎，礼贤下士的心情可见一斑。

“鞋”字最早见于南朝梁顾野王的《玉篇》，是“鞵”的异体字。《颜氏家训·治家》中讲述了一个军官贪腐的故事：“邺下有一领军，贪积已甚……后坐事伏法，籍其家产，麻鞋一屋，弊衣数库，其余财宝，不可胜言。”这位军官的贪心真是够大，被没收家产时，麻鞋足足塞了一屋子。这也从一个侧面说明，鞋子在古代是很重要的家庭财产。

古代的鞋除了有今天所谓的鞋帮、鞋底这些部件之外，还有“綦”“絇”“繶”“纯”等部分。“綦”是鞋带儿。“絇”是鞋头上的装饰，有孔，可以穿系鞋带。“繶”是鞋帮与鞋底交接处缝里装饰的绦子。“纯”是沿着鞋口的装饰，往往与衣边的镶饰是同类的。

几千年来，人们脚下的这一双鞋，生动地折射出人类文明发展的轨迹。

诗文雅韵

红线毯节选

唐·白居易

红线毯，择茧缫丝清水煮，拣丝练线红蓝染。

染为红线红于蓝，织作披香殿上毯。

披香殿广十丈余，红线织成可殿铺。

彩丝茸茸香拂拂，线软花虚不胜物。

美人蹋上歌舞来，罗袜绣鞵随步没。

诗中所说的“红线毯”是一种丝织的地毯，为安徽宣州所贡。唐朝时江南一带贡白纻布，可是，自唐德宗贞元年间，地方官员花样翻新地向皇帝进献用蚕丝线织成的大地毯，劳民伤财，令百姓苦不堪言。白居易借《红线毯》一诗直陈时弊，显示了“文章合为时而著，歌诗合为事而作”的文学主张，亦是他倡导“新乐府运动”的主旨所在。

在白居易的诗中，有大量关于服饰的描写，从一个侧面反映出唐代服饰的特点。此诗中“美人蹋上歌舞来，罗袜绣鞵随步没”两句，以及《上阳白发人》中“小头鞵履窄衣裳，青黛点眉眉细长”两句，“鞵”即“鞋”的异体字，反映出“鞋”的称谓在唐代已相当普遍。

文史小贴士

舄

舄是古代对鞋的称谓，即在鞋底下面再加一层木底。一般来说，先秦称“舄”，到汉代时这种双层底的鞋改称“屦”。舄的作用类似于今天的胶底鞋或雨鞋，后代常以“舄”为帝王所服。同时，也逐渐用为一般鞋履的别称。

司服

司服是古代官名，始置于春秋战国。据《周礼》记载，司服掌管天子的吉凶衣服，辨别其名号、物色与用途。

虞美人和虞姬真的有关系

中国传统京剧里，有一出经典的剧目叫作《霸王别姬》。在这个故事中，人们不仅记住了楚霸王项羽，还记住了一位名字叫作虞姬的女子。虞姬的传说带火了一种花，这花就叫作“虞美人”。现如今，它的身份被小伙伴连累了，它的小伙伴叫罂粟。

“虞美人”是罂粟科植物，一年生草本植物，全体披伸展的刚毛，花茎直立。开出来的花有小饭碗碗口那么大，颜色有鲜红、粉红、紫红、黄白，乍一看和罂粟有几分像。每年的

恽寿平罂粟花图扇页（清）

4月到6月间，春夏之际，偶尔会有热心市民向警察叔叔举报，怀疑有人种植了用来制造毒品的罂粟，但仔细辨别会发现，很多时候只是罂粟的近亲“虞美人”在背黑锅。

在古代，“虞美人”很早就进入了文人的视野。以“虞美人”为词牌最著名的一首诗，当数南唐后主李煜的《虞美人·春花秋月何时了》。这是李煜词中的名篇，也是他的绝笔。传说，李煜正是因为这篇作品而惹恼了宋太宗赵光义，最终引来杀身之祸，被赐牵机药毒死。据研究者考证，“虞美人”原为唐代教坊曲名，后用于词牌名，源自项羽宠姬虞美人的典故。

虞姬是秦朝末年农民起义军领袖项羽的爱姬，名虞（一说姓虞）。相传，她容颜倾城，才艺并重，舞姿美艳，人称“虞美人”，常随项羽出征。曾在四面楚歌的困境下一直陪伴在项羽身边，史书中没有介绍虞姬的结局，但后人根据项羽所作的《垓下歌》推断她在楚营内自刎。北宋文学家许彦国曾写过一首诗《虞美人草行》，其中写道：“芳心寂寞寄寒枝，旧曲闻来似敛眉。哀怨徘徊愁不语，恰如初听楚歌时。滔滔逝水流今古，楚汉兴亡两丘土。当年遗事久成空，慷慨樽前为谁舞！”这首诗显然是在慨叹霸王别姬的悲凉故事，流露出对虞姬香消玉殒的无限惋惜。

植物学意义上的“虞美人”，原产地并不在中国，但是很早就被引进栽培。我们可以在许多古代文献中，看到对它的记载。在明清时期的史料里，人们开始把罂粟科的花卉称为“虞美人”。清朝学者陈淏子写了一部园艺学著作《花镜》，其中将“虞美人”称作“花中妙品”：“江浙最多，丛生，花叶类罂粟而小。一本为数十花，茎细而有毛，发蕊头朝下，花开始直，单瓣从心，五色俱备。姿态葱秀，因风飞舞，俨如蝶翅扇动，亦花中妙品。”不难想象，美丽的“虞美人”花朵迎风摆动，恰似彩蝶飞舞，此番景象怎不叫人心动。

从古至今，“虞美人”这种花被人们赋予了许多象征意义，蒙上了一丝伤感色彩。春夏之际，虞美人的花期已到，它替罂粟“背锅”的日子又要来了。如果“虞美人”花草能说话，它一定要替自己争辩几句：我就是我，是颜色不一样的烟火……

诗文雅韵

虞美人

五代·李煜

春花秋月何时了？往事知多少。

小楼昨夜又东风，故国不堪回首月明中。

雕栏玉砌应犹在，只是朱颜改。

问君能有几多愁？恰似一江春水向东流。

王国维曾说“天以百凶成就一词人”，意思是说上天用种种的不幸和困苦命运锤炼出一个了不起的词人，这句话放在南唐后主李煜身上实在是贴切。李煜的词作风格，以975年被俘为界限，分为前后两个时期：前期多描写奢华享乐的宫廷生活，风格绮丽柔靡；后期多写亡国之痛、故国之思，凄凉悲壮，意境深远。王国维称之为“神秀”，纳兰性德评价为兼有“适用”和“质重”，“饶烟水迷离之致”。

从自刎于垓下的项羽开始，“虞兮虞兮奈若何”的悲情呼喊便响彻历史。千年之后，李煜再次以“虞美人”的词牌写尽人世间的无常——亡国之恨，昔时感伤，岁月斑驳，难以言状。作为亡国之君，李煜是不幸的，他愁苦交加，抱恨而死。作为诗词作品，文学是永恒的，正因这命运多舛、痛苦波折磨砺了李煜的艺术才华，使他的词作成为词中神品，在他身后千古流传，“虞美人”这一“花中妙品”也因此蒙上一层淡淡的哀愁。

文史小贴士

《霸王别姬》

《霸王别姬》是传统京剧经典剧目之一，也是京剧艺术大师梅兰芳的代表作之一。《霸王别姬》又名《十面埋伏》《亡乌江》，清逸居士编剧。故事的背景为秦朝末年楚汉相争，韩信起兵伐楚，霸王项羽迎战。项羽为人性情刚烈，欲以十万大军御敌灭汉，众臣及爱妃虞姬极力劝阻，霸王固执不听，中了埋伏。虞姬劝霸王突围，而后拔剑自刎。项羽突围后迷路，感觉自己无颜再见江东父老，于是在乌江边自刎。

绿水青山皆是诗

“绿色”在中国古代曝光率很高，尤其是在古代文人的诗词歌赋中。中国古人所喜爱的绿色是一个庞大的色系，具体的色样少说也有几十种，每一种绿色的背后都散发着浓郁的人文气息。

有一种绿色叫“青翠色”，又名“青绿色”“翠色”，杜甫在《渼陂西南台》中写道：“错磨钟南翠，颠倒白阁影。”说的就是这种绿色。有学者研究认为，“青翠色”在中国古代主要以孔雀石研碎制成，其主要成分是

碧玉龙耳带托杯（清·乾隆）

碳酸铜。

“湖绿”色类似于湖水的颜色，是蓝色与绿色相互渗透而成为的一种绿色，这种绿色明朗、清爽，让人感觉洁净。白居易在《忆江南》中写道：“江南好，风景旧曾谙。日出江花红胜火，春来江水绿如蓝。能不忆江南？”白居易年轻时曾三次去过江南，对于那片山水情有独钟。江南美景在记忆中十分熟悉，清晨太阳升起，江边花朵盛开鲜红似火，碧绿的江水好似青青的蓝草，怎不叫人热切怀念。

“柳绿”色也很漂亮，绿如其名，就像是春天柳叶的颜色。作为一种落叶乔木，柳树通常生长在河岸或路旁，带给人们洁净清新、生机盎然的感觉。古人会用“桃红柳绿”来赞美春光正好。北宋文学家宋祁更有名句：“绿杨烟外晓寒轻，红杏枝头春意闹。”（《玉楼春》）这春色太美了，万千柳条在霞光晨雾中

巩义窑绿釉小壶（唐）

秋葵绿釉如意耳瓶（清·雍正）

轻摆漫舞，粉红的杏花开满枝头，春意妖娆。

绿釉陶狗（东汉）

还有“松花色”，就是“松花绿”或“松绿”色，是一种偏黑的墨绿色。《红楼梦》当中，袭人用的是“松花色”的汗巾，丫鬟莺儿的服饰搭配是“松花”配“桃红”。

“苍翠”就是“葱翠”，是一种含有“青色”的绿色，传统的水墨画经常使用“葱翠”来表现树木或者远山，增加画面的景深和空间感，带给人们一种浑厚、宁静而平和的感觉。

由此可见，这“绿色”可不一般，传承千年，意蕴深厚。

诗文雅韵

渼陂西南台

唐·杜甫

高台面苍陂，六月风日冷。蒹葭离披去，天水相与永。
怀新目似击，接要心已领。仿像识鲛人，空蒙辨鱼艇。
错磨终南翠，颠倒白阁影。崷崒增光辉，乘陵惜俄顷。
劳生愧严郑，外物慕张邴。世复轻骅骝，吾甘杂蛙黾。
知归俗可忽，取适事莫并。身退岂待官，老来苦便静。
况资菱芡足，庶结茅茨迥。从此具扁舟，弥年逐清景。

有研究者考证，这首诗作于天宝十三年（754）六月。这一年，杜甫与友人登上渼陂西南台。目中所见，山水相接，互为辉映，翠峰高峻，景色宜人，诗人由此抒发栖身物外之思。

在中国传统诗学中，如何写“水中的倒影”，可以体现出诗人的审美和诗作的意境。仔细品味此诗中“错磨终南翠，颠倒白阁影”两句，足见杜甫的高超笔法，不仅描摹出景物的层次，还富有动感，更有鲜明的色彩做衬托：终南山的翠色倒映水中，水波荡漾，山影摇曳，看起来就好像山翠在水中磨动一样；白阁的身影也倒映水中，与实景上下颠倒，交相辉映。与此相类似的诗句，还有《渼陂行》中的“半陂以南纯浸山，动影袅窕冲融间”，山影在水中摇动，绵柔细长、幽静美好，水波起伏、忽平忽起，美不胜收。

文史小贴士

渼陂

渼陂亦称渼陂湖，位于陕西省西安市鄠邑区城西2.5公里处，是一座在古代皇家园林遗址基础上发展而成的风景园林。湖水源自终南山谷的渼水，又汇合了诸多泉水，在天然地形基础上由人工改造而成湖泊，史上有“关中山水最佳处”的美誉。

菊美蟹肥，谁是历史上第一个吃螃蟹的人

金秋时节，菊美蟹肥，正是吃螃蟹的好时候。

中国古人对螃蟹这道美味可是情有独钟，诗仙李白说："蟹螯即金液，糟丘是蓬莱。"《红楼梦》有这样的情节，大观园的一次螃蟹宴就吃掉了两三大篓、七八十斤的蟹，这其中蕴含的饮食文化可见一斑。

鲁迅先生曾说："第一次吃螃蟹的人是很

姚若衡花鸟菊蟹册（清）

荷蟹单页（宋）

可佩服的，不是勇士谁敢去吃它呢？”我们经常用“第一个吃螃蟹的人”来比喻那些敢于尝试、敢于冒险的人。那么到底谁是第一个吃螃蟹的人呢？

有这样一个民间传说，几千年前江河湖泊里有一种双螯八足、形状凶恶的甲壳虫，不仅能挖洞使田地缺水，还会用螯伤人，所以被人们称为“夹人虫”。相传大禹在治水的时候，派一个叫巴解的壮士去治理“夹人虫”的侵扰。巴解想出一个办法，他在“夹人虫”横行的地方开掘围沟，将这“夹人虫”诱到围沟中，然后向围沟里灌进去煮沸的水。令人惊奇的是，被开水烫死的“夹人虫”浑身通红，竟散发出一股鲜美的味道，惹得大家跃跃欲试。于是，巴解好奇地掰开“夹人虫”的壳，壮着胆子尝了一口，好吃呀，鲜美得妙不可言。就这样，一传十，十传百，惹人畏惧的害虫反倒成为家喻户晓的美食了。大家为了感谢“敢为天下先”、敢于第一个吃“夹人虫”的巴解，用解字下面加个虫字，称夹人虫为“蟹”，意思是巴解征服夹人虫，是天下第一位食蟹人。从此，我们的祖先就开启了长达几千年的吃蟹历史。今天，考古工作者还在长江流域的古代遗址中，发掘出大量的河蟹蟹壳，足以证明中国蟹文化历史悠久。

在魏晋时期，人们把吃蟹与饮酒联系在了一起，从此蟹文化与酒文化互相交融，成就一道独特的美食风景。螃蟹性为寒，酒性为暖，两者可互补。吃蟹时饮酒既能祛寒温胃，又能去腥解毒。苏东坡的诗里是这么写的：“半壳含黄宜点酒，两螯斫雪劝加餐。”（《丁公默送蝤蛑》）意思是说，掰开的蟹壳里含着蟹黄，正适合下酒；两只螯里的肉雪白雪白的，让人特别有食欲。

饮酒吃蟹，属实快活。为蟹写诗，也成了中国古代文学较为普遍的主题。中国历史上无数文人墨客，从各个角度赞美过螃蟹的美味。在历代咏蟹的诗句中，最有名的还是晚唐诗人皮日休的咏蟹诗。在皮日休的诗中，蟹的形象栩栩如生，披一身硬壳，横

张槃双蟹图扇页（清）

行天下，颇有些天不怕地不怕的意思。

时光如水，斗转星移，绵延几千年的蟹文化传承至今，在人们的辛勤劳动和智慧发明中孕育、成熟。食物随着人们的脚步迁徙，风俗也在这餐桌上、诗词里流转。人生路漫漫，唯美食与生活不可辜负！有一个谜语，是说给孩子们猜的：“身披盔甲，目中无人，手举钢刀，一向横行。”谜底当然就是螃蟹了。

诗文雅韵

咏螃蟹呈浙西从事

唐·皮日休

未游沧海早知名，有骨还从肉上生。

莫道无心畏雷电，海龙王处也横行。

这首写螃蟹的诗，从一个侧面反映了皮日休愤世嫉俗的性格特质和教化社会的创作主张。作为一首咏物诗，其主旨往往超越事物本身而别有兴寄，由于作者并没有直接表明自己的情感和态度，因此读者可以站在不同的角度加以体会和理解。有人认为此诗赋予螃蟹不畏强暴的叛逆性格，表达了诗人对其“天不怕地不怕”性格的褒扬；也有人认为，诗人刻画了一个嚣张跋扈、胡作非为的反面形象，讽刺了社会上一些横行霸道之人。

“沧海”指浩瀚的海洋，“未游沧海早知名”是说螃蟹知名度很高，本是一种时鲜美味，因最早产于内陆江河湖泊而为世人所熟知。当然，也有研究者认为，诗人或许还有更深一层的含义：在这样 一个沧海横流的时代，风云人物在奋起之前，在民间已经相当有名。结合皮日休本人的经历看，他生活在晚唐的乱世之中，少年读书于襄阳鹿门山，后离家远游；年轻时考取进士，曾任著作郎、太常博士；乾符二年（875）任毗陵副使，在黄巢起义军攻入长安后，被起义军任命为翰林学士，后来的情况不详。此番人生经历，亦可以用“未游沧海早知名”来形容了。

文史小贴士

皮日休

皮日休（约834—883），字逸少，后改袭美，曾隐居鹿门山，自号鹿门子、醉吟先生，襄阳（今属湖北）人，晚唐文学家。皮日休与陆龟蒙在苏州相识，两个互相唱和，评茶鉴水，两相齐名，是一对亲密的诗友与茶友，世称“皮陆”。

忽必烈“种草”，教育子孙“勤俭之节”

元末明初学者叶子奇写了一本书《草木子》，其中讲了一个忽必烈种“誓俭草”的故事。《草木子》记载：“元世祖皇帝思太祖创业艰难，俾取所居之地青草一株，置于大内丹墀之前，谓之‘誓俭草’。”忽必烈回想起当年成吉思汗开创蒙古帝国时的艰难，便命人从成吉思汗事业初创的地方撷取一株青草，并将它种在宫殿台阶的前面，称为“誓俭草”。“盖欲使后世子孙知勤俭之节”，种下这株草的用意，就是让皇室的子孙们从此记住勤政节俭的道理。“至正间，大司农达不花公作宫词十数首”，至正年间大司农达不花（“达不花”是人名，“大司农”是负责农桑水利的官员）创作了数十首反映宫廷生活的诗歌，其

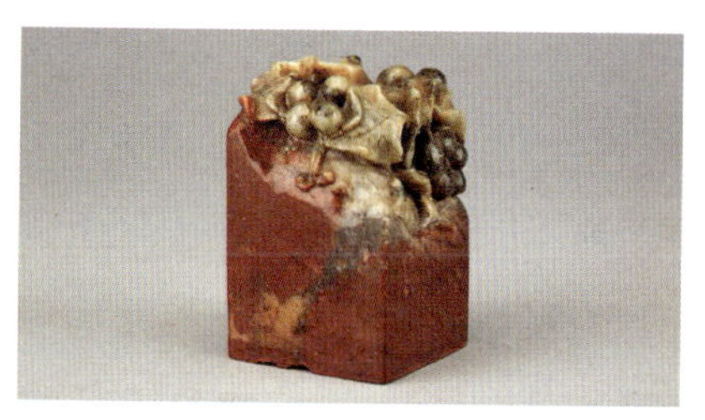
寿山石随形“恭俭惟德”印（清·道光）

中就提到了“誓俭草”。有一首诗是这样写的：“墨河万里金沙漠，世祖深思创业难。却望阑干护青草，丹墀留与子孙看。”

忽必烈是元朝的开国皇帝，在他的极力倡导下，蒙古黄金家族素有崇尚节俭的美德。据元代文人张养浩《归田类稿·时政书》记载：“昔我世祖皇帝临御三十年，乘舆服御皆尚俭素。左右之臣，虽深爱者，未闻无故而得尺帛寸金之赐。”忽必烈执政期间很简朴，他的车马服饰、吃穿用度都很低调；他周围的官员，即使有一些人为他所信任和赞赏，他也不会任性地给人赏赐，从来都是有理、有度。而且，忽必烈还提出“铢累寸积”“惜财富国”的观点，主张节用财力，反对奢靡浪费。

据《元史》记载，忽必烈对皇后、皇子的要求也很严格。“后尝于太府监支缯帛表里各一，帝谓后曰：‘此军国所需，非私家物，后何可得支？’”有一次察必皇后从太府监拿了些丝绸，忽必烈对她说：这是用于军国大事的物资储备，不应该用在家里的日常生活。“一日，裕宗有病，世祖往视，见床上设织金卧褥。”有一天，忽必烈的长子、皇太子孛儿只斤·真金（就是后来的元裕宗）生病了，忽必烈去看他，发现他的卧榻上铺着织金的被褥。“世祖愠而语之曰：‘我尝以汝为贤，何乃若此耶？’”忽必烈生气地对他说：我曾经认为你是一个懂道理的人，你怎么能这么做呢？“后跪答曰：‘常时不曾敢用，今为太子病，恐有湿气，因用之。’即时撤去。”王妃（即皇太子妃阔阔真，谥号“裕圣皇后”）跪下来解释，平时是不敢用的，这次太子有病怕湿气侵体才用的，随后立即把织金被褥撤走。

可见，忽必烈在子孙的教育上煞费苦心，他希望时刻提醒后人，要体会先辈开创基业的艰辛，以“勤于政事”“俭于生活”的优良作风，将王朝基业传承下去。然而事与愿违，忽必烈之后的元朝皇帝们大都安逸享乐，使得元朝成为一个短命的封建王朝，这也是值得反思的历史教训。

诗文雅韵

宫词

元·达不花

墨河万里金沙漠，世祖深思创业难。

却望阑干护青草，丹墀留与子孙看。

这首诗的作者是元顺帝至正年间的大司农达不花。“宫词”通常指专咏宫中生活、事物的诗歌，达不花写这首诗的目的是训示子孙不要忘本。

首句的“墨河”指黑龙江，又称乌水、黑水，因水色墨绿而得名。黑龙江的北源为肯特山麓的鄂嫩河（斡难河），那里是元太祖铁木真（尊号“成吉思汗”）家族的发祥地。“金”寓意“宝贵”，“金沙漠”描写的就是黄沙漫漫的景象。“世祖”指元世祖忽必烈，他于1260年继承汗位，1271年改国号为“元”，1272年定都大都（今北京），1276年元军攻入南宋都城临安，1279年元军攻灭南宋残部最终完成了全国统一，奠定了统一多民族国家的基础。忽必烈一生戎马倥偬、治国理政，创一代基业，克服了许多困难，正如诗中所言“创业难”。“阑干”即栏杆，此句说的是忽必烈命人在大明宫三级台基上修建了誓俭草池，围有汉白玉的栅栏，种植来自蒙古草原家乡的青草，提示子孙勿忘根本，即所谓“丹墀留与子孙看”。

诗中所记的“青草”指沙蒿。沙蒿是菊科蒿属植物，多生长于草原，被视为“固沙先锋植物”，也是蒙古草原牧草资源的代表。作为大自然的馈赠，青青沙蒿养育了蒙古草原上数不胜数的牛羊牲畜，为蒙古族部落创造了水草丰美的自然条件。以忽必烈为代表的元朝创业者，崛兴于草原，最终建立了全国性的统一王朝，其疆域“北逾阴山，西及流沙，东尽辽左，南越海表”。山河历历，人事茫茫，这青草背后又负载了多少历史经验、往事云烟。

文史小贴士

《草木子》

《草木子》是元末明初的一本史料笔记著作，作者叶子奇。全书共四卷，分管窥、观物、原道、钩玄、克谨、杂制、谈薮、杂俎八篇，内容涉及天文地理、时政得失、交通经济、兵荒灾乱以及自然现象、动植物形态、典故风俗等。其中，有关元朝故事和农民起义的记载尤为难得。

凡是过去，皆为序章

新年伊始，有网友引用英国著名戏剧家莎士比亚的名言“凡是过去，皆为序章”（英文原文为“Where of what’s past is prologue”）来表达祝福：过去的一切都成为宏大交响乐的序章，在今后大展宏图的日子里，更美好的事情还在等待着我们。如此美好的寓意，用中国古人的表达方式，大概就是“一元复始，万象更新”。

那么，这新的一年，从哪一天算作开始呢?

今天的人们都知道，所谓“新年”就是从

朱瞻基行书新春等诗翰（明·宣德）

“元旦”这一天开始，即每年的1月1日。而在中国古代，“元旦”曾经反复变更，后来专指大年初一。

“元旦”的“元”，指开始，是第一的意思，凡数之始称为“元”；“旦”，象形字，上面的“日”代表太阳，下面的“一”代表地平线。“旦”即太阳从地平线上冉冉升起，象征一日的开始。人们把“元”和“旦”两个字结合起来，就引申为新年开始的第一天。

李士达岁朝村庆图轴（明）

关于“元旦”的来源，有人认为出自《尚书·虞书·舜典》：“月正元日，舜格于文祖。”大约在4000多年前，黄河流域的陶唐氏、有虞氏和夏后氏三个部落结成联盟，推举尧为联盟首领。尧年老时征求各部族首领的意见，推举品行高尚的舜做他的继承人。舜于正月的一个吉日，在尧的太庙，接受了禅让的册命。舜执政伊始，先祭祀天地和先帝尧，于是人们便把这一天当作一年的开始，正月初一，即“元正”。

“元正”的确立和中国古代的历法密切相关。早在春秋战国时期，《黄帝历》《颛顼历》《夏历》《殷历》《周历》《鲁历》等六种历法就已成型，合称“古六历”。据保存在《大戴礼记》中的《夏小正》记载，夏代的人们已经可以根据北斗星斗柄所指的方位来确定月份，一年共12个月。由夏历推测，尧舜时期大概也是12个月，“元正”这一天对应的是正月的某一天。

虽然历朝历代都很重视元旦，但是所确定的时间并不相同。据《史记》记载，夏朝的夏历以孟春月（元月）为正月；商朝的殷历以腊月（十二月）为正月，周朝的周历以冬月（十一月）为正月。秦始皇统一中国后，将自己使用的《颛顼历》作为全国统一的历法实施，以阳春月（十月）为正月。

汉初沿用秦历，由于秦历对朔望月的计算不甚精密，运行多年后所累积的误差，造成了十五晚上月亮不圆的现象发生。汉武帝刘彻有志于修改历法，他命令大臣公孙卿和司马迁组织编造“新历”。经过多年的论争和实践，最终《太初历》被汉武帝采纳，于元封七年（前104）五月公布正式施行。

《太初历》的一项重大改革就是以冬至所在之月为十一月，“以孟春正月为岁首”。古人将春季的三个月分为孟春、仲春、季春，所谓“孟春”即春季的第一个月。《太初历》规定，春季的第一个月即是新年的第一个月，正月初一为一年的第一天。由此，中国人将迎接新年与迎接春天合二为一，“春节”成为最重要的节日。不仅如此，《太初历》还正式将二十四节气确定下来，用于指导农业生产，故称“农历”。并由此衍生发展了中国人特有的时间制度，激发出丰富多彩的文明成果。此后，《太初历》所确定的历法框架得到了沿用，各代历法在此基础上推陈出新，正月初一为元旦的规定得以继承，宋代称为“元日”，明清称为“元旦”。

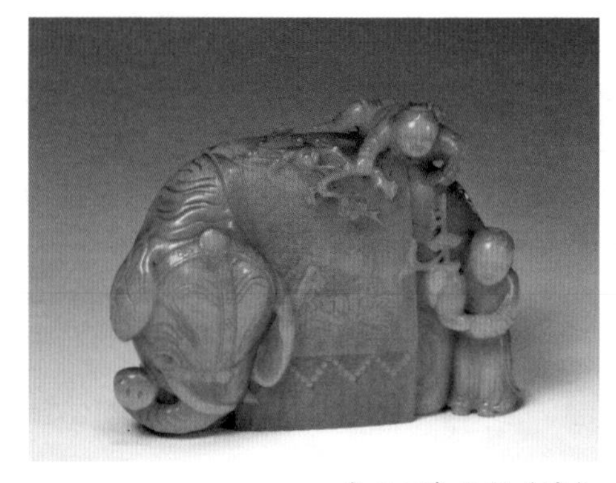
青玉万象更新（清）

其实，关于“元旦”的确定，反映了古人的历法思想。来源于《周易》的“阴阳”互补原理，中国古代传统历法既要观测太阳的运动规律，又要兼顾月亮的运动规律，逐渐成为一部“阴阳历”。同时，还要遵循“五行”生克原理，包容“木、火、土、金、水”的运行周期；更要体现“天地人合一”的哲学观，融入“天干”“地支”排列组合的“干支周期”。作为一种独特的文化传统，形成了中华民族的生活理念、风俗习惯和生存方式。

1911年，孙中山领导的辛亥革命推翻了清王朝，建立了中华民国。为了“行夏正，所以顺农时，从西历，所以便统计”，民国元年决定使用公历。1912年1月1日，中华民国宣布成立，孙中山在南京就任临时大总统，在就职誓词中，孙中山以“中华民国元年元旦”为结尾。

1949年9月27日，第一届中国人民政治协商会议，在决定建立中华人民共和国的同时，也决定采用世界通用的公元纪年法，即我们所说的阳历。元旦，指公元纪年的岁首第一天。为区别农历和阳历两个新年，又鉴于农历二十四节气中的“立春”恰在农历新年的前后，因此便把农历一月一日改称为“春节”，阳历

1月1日定为新年的开始——“元旦”，并列入法定假日，成为全国人民的节日。

诗文雅韵

元日

宋·王安石

爆竹声中一岁除，春风送暖入屠苏。

千门万户曈曈日，总把新桃换旧符。

所有的新年都令人期待。

“爆竹声中一岁除，春风送暖入屠苏。”这是活络的民间习俗，更是生动的人间烟火。诗句里，每一处细节都洋溢着热切的期待，每一个行动都寄托着未来的祝愿。“千门万户曈曈日，总把新桃换旧符。”家家户户都沐浴在初春的阳光里，卸下过往的疲惫和积弊，迎来崭新的开始。

王安石是北宋时期著名的政治改革家，他对新政充满信心，反映到诗中就分外明朗。他希望随着新年的开始，“新”的代替“旧”的，阳光洒向人们的脸庞。“一元复始，万象更新”，太阳从地平线升起，生活充满了希望，事业和理想也迎来曙光。“凡是过去，皆为序章”，以往的过去都是现在的导言，往后的岁月由我们来书写新的篇章。

文史小贴士

朔望月

朔望月指农历中月相盈亏的平均周期，每逢农历初一月球运行到地球和太阳之间，被太阳照亮的半个球面背对着地球，这时从地球上看不到月亮，称之为“新月”，即“朔”；到了农历十五左右，被太阳照亮的半个球面正对着地球，这时从地球上可以看到圆圆的月亮，称之为“满月”，即“望”。从“朔”到“朔”，或从“望”到“望”的周期就是一个“朔望月”，平均为29.53059天。

《颛顼历》

《颛顼历》起源于周代末期，在春秋战国时期成型。相传，颛顼为上古部落联盟首领，“五帝”之一。他通过长期实践，根据天地运行规律和日月星辰的变化，结合少昊氏的八卦太阳历，制定了更适用于当时的历法。《颛顼历》将十月初一定为一年的开始，是古时四分历（规定一年为$365\frac{1}{4}$天的古代历法）的一种。

光阴的故事：古人是这样看时间的

古人说：一日之计在于晨。问题来了，古人是怎么计量时间的呢？

没有WiFi，没有手机，没有电子钟，什么时候上班，什么时候约会，古人自有一套把握时间的方法。

甲骨文中有正午测日影的卜辞，《周礼》记载：“日至之景，尺有五寸，谓之地中。”早在春秋时期，古人就发明了圭表，用于测量正午日影长度，确定冬至和夏至，并以此为基础确定回归年长度和历法的起算点。圭表分

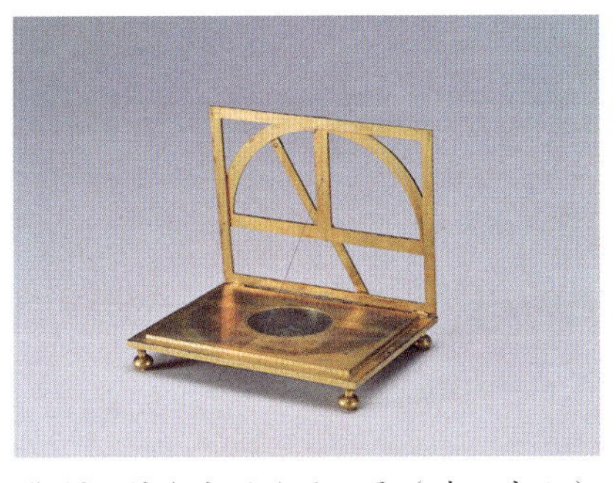

御制铜镀金半圆地平日晷（清·康熙）

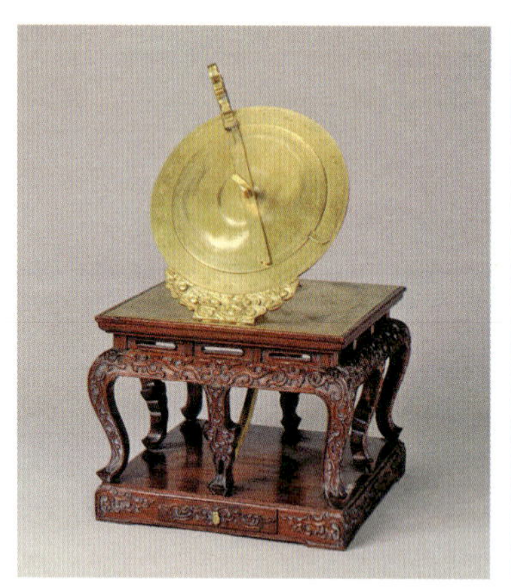
铜镀金方月晷仪（清·乾隆）

兽耳八卦铜壶滴漏（清）

"圭"和"表"两部分："圭"是平放在地面上的部件，有刻度，置于"表"的正北方；"表"是一根垂直竖立在地上的杆子，因太阳照射角度的不同，在"圭"上投下长短不一的影子。"晷"字本来的意思是"日影也"，天文、律历志中所谓"日晷"指的是某个节、气时的表影长度，后来"日晷"也指代以日影测定时刻的仪器。

西汉长安的灵台上设置有铜圭表，表高八尺，圭长一丈三尺。为了提高测量精度，古人在表上悬挂垂线来保证垂直，在圭面上开设沟渠来保证圭面水平，这在汉代出土的铜圭表模型上得到了证实。

元代天文学家郭守敬（1231—1316）对圭表进行了重大改革，表高为四十尺，圭面上设计有"景符"。"景符"是一个带有小孔的铜片，利用小孔成像原理把太阳的影子投射到圭尺上，大大提高了观测的精度。现存河南登封告成镇的高表就是当年郭守敬建造的，称为"登封观星台"，以高台本身为"表"，以高台上的一条横梁为表端，横梁到圭面的高度正好是元代的四十尺。

古人发明的另外一种计时仪器是“漏刻”，分“漏”和“刻”两部分：“漏”指漏壶，是一种置水的容器，底部有小孔，水可以从小孔中缓慢流出；“刻”指“刻箭”，是一根有刻度的标杆，放在漏壶中以显示水位的升降，用来计算时间。《说文解字》记载：“漏，以铜受水，刻节，昼夜百刻。”说明在东汉时，古人将一昼夜等分为一百刻，算下来“一刻”相当于现在的14.4分钟。

《史记》记载，春秋时期齐国和燕国交战，齐国连年失利。田穰苴临危受命，整肃军队，积极备战。他和监军庄贾立下约定：“旦日日中会于军门”，意思是“明天正午咱们在营门会齐”，庄贾也答应了。这里需要介绍一下人物背景：田穰苴是齐国的军事家，做事认真，特别强调军纪严明；庄贾是齐景公的宠臣，一向骄纵任性，根本不把“军法”“军纪”放在眼里。于是田穰苴命令士兵“立表下漏，待贾”，就是在地上垂直立一根杆子，观测日影，把漏壶装上水开始起漏以知刻数。次日正午，影子到了正北方，漏壶也指示时间到了，却不见庄贾。田穰苴“仆表决漏”，就是打倒木表，摔破漏壶，进入军营，执行军纪。日暮时分，庄贾姗姗来迟，田穰苴依照军法将庄贾斩首示众。《史记》上的这个故事，让我们看到了圭表与漏刻联用的实际记录。

北宋著名的政治家、文学家王安石在担任鄞州知县时，曾写过一篇《漏刻铭》。当时在北宋王朝的各个州郡都配备有漏刻计

铜镀金腰果形赤道公晷仪（清·乾隆）

木质金漆楼阁钟（清·乾隆）

时，配合圭表校准，这些计时装置被安放在谯楼之上，并有专人轮流值守，测时、报时，通过敲钟、擂鼓、吹号角等方式向全城的百姓播报时间。

古人对时间的流逝十分敏感，也深谙“惜时”的道理。“人生天地之间，若白驹之过郤（隙），忽然而已。”（《庄子·知北游》）悟出了人生的有限；“明月白露，光阴往来。”（南朝梁·江淹《别赋》）抒发了离别的感怀；“光阴者，百代之过客也。”（唐·李白《春夜宴诸从弟桃李园序》）言说了生命的短暂；“读书不觉已春深，一寸光阴一寸金”（晚唐·王贞白《白鹿洞》）激励着求知的拼搏；“光阴负我难相遇，情绪牵人不自由。”（晚唐·韩偓《青春》）道尽了岁月的蹉

多宝格式插屏钟（清·乾隆）

跎。明代编写的童蒙书籍《增广贤文》中有“一寸光阴一寸金，寸金难买寸光阴”的句子，更成为鼓励孩子们惜时如金、潜心求学的名言警句。古人还留下了许多珍惜时间的成语：光阴似箭、时不我待；白驹过隙、弹指之间；日月如梭、稍纵即逝。提醒我们，把握人生的第一时间，走好生命旅程的每一步。

诗文雅韵

金缕衣

唐・杜秋娘

劝君莫惜金缕衣，劝君惜取少年时。
花开堪折直须折，莫待无花空折枝。

作者杜秋娘堪称一位传奇女子，一生经历四朝变故，命运坎坷曲折。她因歌声甜美而入豪门，又入皇家，饱尝兴衰荣辱，晚年孤苦无依。

这是一首劝人珍惜时光、不要虚度光阴的警世诗。“金缕衣”是缀有金线的衣服，比喻荣华富贵。可是，作者一再用“劝君”二字开头，仿佛和读者面对面倾心诉说，还有比这些更为珍贵的东西，那就是“少年时”。“花有重开日，人无再少年”，青春一去不回头，一定要振作，一定要快乐！

文史小贴士

《周礼》

《周礼》也被称为《周官》《周官经》《周官礼》，是我国第一部系统记述国家机构设置、职能分工的专书，汇集了周公在西周初年颁布的一些政治规章制度，为秦汉以来国家机构建制提供了全面的参照体系。

观星台

观星台是我国现存规模最大的古代天文观测建筑，位于河南登封市告成镇，创建于元代初年。

中国人的浪漫，农历其实是“阴阳合历”

我们看电视新闻节目，主播一开场都会说：今天是几几年几月几日，星期几，农历几月几日。这前面的叫作公历，是世界通行的，也被称作“阳历”；这后边的就是传统历法，因其广泛应用在农业生产方面而被称作“农历”，俗称“阴历”。

说到古今中外的历法，粗略地看，有三种：观察太阳得来的，叫“阳历”；观察月亮得来的，叫“阴历”；既参考太阳又参考月亮得来的，叫“阴阳历”。而我们的农历，严格说起来应该属于“阴阳历”。

金嵌珍珠天球仪（清·乾隆）

自尧舜时期，大约是在新石器时代，古人观察农作物的生长周期，悟出了春、夏、秋、冬四季更替的规律；仰望日月星辰，揣摩其中的道理，逐渐产生了“年”的概念。按照《说文解字》的说法，“年”字即“秊”，从禾，千声，本义是年成、收成、五谷成熟。古字的年（即“秊”），从字形上看，就好像一个人头上顶着沉甸甸的谷子，象征着庆祝丰收的状态，以及开春祈福的情景。丰收意味着衣食富足，生活也一天比一天更好。《穀梁传·桓公三年》曰：“五谷皆熟为有年也。”《穀梁传·宣公十六年》曰：“五谷大熟为大有年。”祭祀、过年与农业生产之间的密切联系可见一斑。

紫檀北极恒星图时辰节气钟（清·光绪）

不仅如此，古人还通过观察太阳周年的运动，总结一年中时节、气候、物候的变化规律，形成了一套完整的知识体系和社会实践，这就是“二十四节气”。一年有二十四节气、七十二候，五日为候，三候为气，六气为时，四时为岁，周而复始。这既是大自然的运行之道，也是人文创造中的活力之源。

翻开中国古代文学史，二十四节气入诗入词，彰显了中国人的智慧与浪漫：“苜蓿峰边逢立春”（唐·岑参《题苜蓿峰寄家人》）“雨水从教正月半”（南宋·刘辰翁《减字木兰花》）“一雷惊蛰始”（唐·韦应物《观田家》）“春分花发后”［唐·白居易《何处难忘酒七首（第三首）》］“清明时节雨纷纷”（唐·杜牧《清明》）“谷雨才耕遍”（南宋·范成大

《蝶恋花》）“立夏明朝是”（宋·朱元夫《壶中天》）“小满已过枣花落”（宋·邵定翁《缫车》）“草生芒种后”（唐·寒山《山中何太冷》）“夏至一阴生”（唐·白居易《思归》）“能迎小暑开”（唐·独孤极《答李滁州题庭前石竹花见寄》）“六月初迎大暑风”（唐·徐夤《萤》）“立秋日后无多热”（唐·王建《秋日后》）“徐行处暑天”（唐·陆龟蒙《袭美见题郊居十首，因次韵酬之以伸荣谢》其八）“天清白露下”（唐·李白《游溧阳北湖亭望瓦屋山怀古赠同旅》）“时节欲秋分”（唐·贾岛《夜喜贺兰三见访》）“寒露新雁飞”（唐·孟郊《与韩愈李翱张籍话别》）“霜降水痕收”（北宋·苏轼《南乡子》）“小雪下山初”（唐·钱起《东溪杜野人致酒》）“大雪天地闭”（唐·韦应物《送令狐岫宰恩阳》）“冬至日行迟”（唐·孟浩然《陪张丞相自松滋江东泊渚宫》）“小寒山中叶初卷”（唐·皎然《顾渚行寄裴方舟》）“北使经大寒”（唐·高适《答侯少府》）。

中国传统历法中的月份是怎么制定的呢？古人根据月亮圆而后缺，再由缺复圆的时间划分出12个月。每逢农历初一，月球运行到地球和太阳之间，即月亮与太阳处在一个方向上，这时被太阳光照到的月面背对着地球，人们看不到月亮，这个时候的月亮就被称为“朔”（也叫“新月”）。这样，以正月朔日的子时为“岁首”，即一年的开始。农历中有的月份是30日，称月大；有的月份是29日，称月小。农历以12个月为一年，每年共354日或355日，所以隔三年要安插一个闰月，再过两年又安插一个闰月，平均19年有7个闰月。

“二十四节气”反映了地球围绕太阳运行而受到的影响，它具有“阳历”的特点；而“月份”的把握却是观察月亮圆缺的结果，又具有了“阴历”的特点。所以说，我们的农历是一部了不起的“阴阳合历”。

诗文雅韵

七月节选

《诗经·豳风》

七月流火，九月授衣。一之日觱发，二之日栗烈。无衣无褐，何以卒岁？三之日于耜，四之日举趾。同我妇子，馌彼南亩。田畯至喜！

七月流火，九月授衣。春日载阳，有鸣仓庚。女执懿筐，遵彼微行。爰求柔桑？春日迟迟，采蘩祁祁。女心伤悲，殆及公子同归。

七月流火，八月萑苇。蚕月条桑，取彼斧斨，以伐远扬，猗彼女桑。七月鸣鵙，八月载绩。载玄载黄，我朱孔阳，为公子裳。

孔子说：“四时行焉，百物生焉，天何言哉？”（《论语·阳货》）四季变化，草木枯荣，大自然什么也没有说，但古人却敏锐地意识到“天地之道，寒暑不时则疾，风雨不节则饥”

（《礼记·乐记》）。因此，一定要礼天敬地，顺候应时。正所谓："天生阴阳、寒暑、燥湿，四时之化，万物之变，莫不为利，莫不为害。圣人察阴阳之宜，辨万物之利以便生。"（《吕氏春秋·尽数》）

《七月》出自《诗经·国风》，有关这首诗的主题历来说法不一，但诗中所描述的周代农业生产和农耕生活景象却非常生动、鲜活。有研究者指出，诗中所言的"月"使用的是周历，而诗中所言的"一之日""二之日""三之日""四之日"使用的是夏历。简单地说，周历和夏历最主要的不同在于岁首的月建。《尚书大传》记载"夏以孟春月为正"，而"周以仲冬月为正"。也就是说，周历以夏历的十一月为正月，七月、八月、九月、十月以及四月、五月、六月与夏历一致；"一之日""二之日""三之日""四之日"对应夏历的十一月、十二月、一月、二月，其中"蚕月"指夏历的三月。这是一种很有趣的现象，正是由于岁首的月建不同，周历和夏历所表述的四季也随着不同，周历比夏历早两个月。但是，民间仍主要以夏历（今天说的农历）作为参照，农业生产与农耕生活都对照历法有条不紊地展开，春耕、秋收、冬藏、采桑、染绩、缝衣、狩猎、建房、酿酒、劳役、宴飨……这一桩桩一件件都会"顺天应时"，不违天道。

文史小贴士

二十四节气

二十四节气是中国人认知一年中时令、气候、物候等方面变化规律所形成的知识体系和社会实践。古人将黄道假定为一个大圆，太阳从黄经0°起，每运行15°所经历的时日称为“一个节气”。一年共经历24个节气，依次为：立春、雨水、惊蛰、春分、清明、谷雨、立夏、小满、芒种、夏至、小暑、大暑、立秋、处暑、白露、秋分、寒露、霜降、立冬、小雪、大雪、冬至、小寒、大寒。

《穀梁传》

《穀梁传》是一部以文义阐发《春秋》经文的著作，相传作者是子夏的弟子，战国时期鲁人穀梁赤。起初为口头传授，至西汉成书。《穀梁传》被称为“《春秋》三传”、儒家“十三经”之一，起于鲁隐公元年，终于鲁哀公十四年，是研究先秦到西汉时期儒家思想的重要资料。

气象万千，古人凭经验做天气预报

大自然气象万千，风云雨雪，随时变幻。为了顺天应时，有备无患，现代社会的我们往往通过天气预报了解天气变化。可是在古代，人们如何知晓天气变化，又如何进行“天气预报”呢？

殷商时代的甲骨文中，就已经出现了关于气象预测的文字记载。不过当时人们对自然科学的认识有限，预测天气还以占卜和算卦为主。在出土的龟甲兽骨上，对天气现象的记载

故宫博物院太和殿广场

已十分完整，包括降水、天空状况、风、云雾、雷鸣电闪等许多方面，还有雨、雪、雹、霜等分类，对降水还有具体分析。举例来说，一段甲骨文写道：“弜田其遘大雨。自旦至食日不雨。食日至中日不雨。中日至昃不雨。”这是商王要出门打猎，命人占卜一下天气，问一下商王若是出行，会不会下大雨。“弜田其遘大雨”，“弜田”就是不要去田猎，“其遘大雨”，莫非会遇上大雨吗？“自旦至食日不雨”，“旦”是天亮，“食日”是吃早饭时，从天亮到吃早饭时，该不会下雨吧？“食日至中日不雨”，“中日”是“中午”，从吃早饭时到中午该不会下雨吧？“中日至昃不雨”，“昃”是太阳偏西，从中午到太阳偏西，该不会下雨吧？看来商王出去打猎是一件大事，要详细地占卜一天的天气，甚至每个时段都要问清楚。

远眺故宫

《宋会要辑稿》记载了一件有趣的事情。北宋丞相赵挺之向宋徽宗建议，应该着手准备祈求上天下雨的仪式了，但是宋徽宗不着急，他表示到了二十六七日肯定会下雨，果然在那天就下雨了。赵挺之赞叹宋徽宗果然是天子，什么都知道。宋徽宗于是说出了自己推断的依据，“天地间离不开阴阳五行，近日的天象属于‘太一移宫’，是水的征兆，所以会下雨。”“太一”指的是北极星，“移宫”是指星星所在的位置发生了变化，宋徽宗可以根据星象变化预测天气，说明古人已经积累了一套推断天气的经验方法。当然，中国古代的封建王朝通常把气象预报列为国家机密，并不公之于众，而是要秘密地报告给皇帝，还要向有关部门备案。

那么，普通百姓又是如何预测天气呢？宋代人庄绰写了一本史料笔记著作《鸡肋编》，其中提到：“靖康元年，麦多高于人者，既熟，大雨，所损十八。”意思是：在靖康元年，麦子长得高于成人，在成熟的时候就会有大暴雨，从而导致收成不好，这是老百姓通过生活经验积累出的“民间气象预报”。中华大地，上下五千年，有着历史悠久的农耕文明，人们对天气情况的把握与农耕活动有密切的关系。

与现代气象科学相比，古人认为气象与天文都是研究头顶上那片神奇的天空，所以气象和天文总是不分家。时至今日，我们可以遥想几千年前古人抬头凝望天空的那些时刻。在漫长而久远的历史岁月里，一代又一代人接续努力，对大自然的气象执着探

新法地平日晷（清·顺治）

银镀金浑天仪（清·康熙）

索，才使得今天我们可以站在前人的肩膀上，俯瞰世界，笑对风云。

诗文雅韵

春夜喜雨

唐·杜甫

好雨知时节，当春乃发生。
随风潜入夜，润物细无声。
野径云俱黑，江船火独明。
晓看红湿处，花重锦官城。

一般认为，杜甫诗作的风格是“沉郁顿挫”，即作品大都关注国运、民生，感情真挚深沉，音律铿锵有力，有一种独特的悲壮美。但是，这一首诗的风格却大不一样，充满了喜悦之情、君子之风。毕竟，春天来了！这场春雨来得正是时候！它无声无息，悄然而至，似谦谦君子，若循循儒者。水是万物之源，而春天的要义便是“生长”与“萌发”，因此春雨最为珍贵。

唐代韩愈的《早春呈水部张十八员外》有云：“天街小雨润如酥，草色遥看近却无。最是一年春好处，绝胜烟柳满皇都。”宋代苏辙《舜泉诗》有云：“时雨既澍，百谷既登。有流泫然，弥坎而升。”“澍”指的就是应时的雨水，可以滋润万物，给大地带来一片生机。云头这么厚，雨势这么好，一夜春雨定能催开满城春花，似锦如织，喜不自胜。这也让人联想到清末王国维《晓步》中的诗句：“万木沉酣新雨后，百昌苏醒晓风前。四时可爱唯春日，一事能狂便少年。”

文史小贴士

《鸡肋编》

《鸡肋编》是宋代庄绰编纂的一本史料笔记。共三卷，内容包括先世旧闻、当代事实、各地习俗、异闻琐事，还有关于刻丝、种茶及农作物种植的情况，还有对方书、本草的考证，相当翔实。学界认为，该书是宋人史料笔记中比较重要的一种，有重要的史料价值。

《宋会要辑稿》

《宋会要辑稿》是清嘉庆年间由地理学家徐松（1781—1848）从《永乐大典》中辑出的宋代官修《会要》之文。全书366卷，分为帝系、后妃、乐、礼、舆服、仪制、瑞异、运历、崇儒、职官、选举、食货、刑法、兵、方域、蕃夷、道释等17门。内容丰富、卷帙浩繁，堪称宋代史料之渊薮。但是，由于辑录稿文字错误繁多，向来难读。

清明，读懂中国人的情怀

“雪融春暖清明时，一花一树寄哀思。”

在中国人的心目中，“清明”是唯一集传统节气与传统节日于一身的日子。从节气看，由“清明”开始，气温逐渐升高，雨量持续增多，正是农耕好时节，民间谚语说：“清明前后，种瓜种豆。”《月令七十二候集解》说：“万物齐乎巽，物至此时皆以洁齐而清明矣。”《淮南子·天文训》说：“春分则雷行，音比蕤宾。加十五日指乙，则清明风

张择端清明上河图卷（北宋）

至。”古人觉得清明这个时候，春风浩荡、天地澄清、万物舒展。从节日看，“清明”更是一个隆重而盛大的祭祖节日，礼敬祖先、慎终追远，体现着中国人尊祖敬宗、继志述事的道德情怀。

王翚祭诰图卷（清）

其实，在清明节背后有一个已经失传的民俗节日“寒食节”。“寒食节”主要是为了纪念一个人，就是春秋时期的介子推。春秋时期的晋国，晋国公子重耳为躲避政治暗杀而流亡外地，几经坎坷，这一路逃亡竟然长达十九年。在这期间，大臣介子推始终追随左右、忠诚守护、不离不弃，甚至在重耳最危急的时刻，有一次在山上几乎要饿晕的情况下，介子推割下自己大腿上的肉，和野菜一起熬汤，把重耳救活了，这就是“割股充饥”或者叫“割股啖君”的故事。后来，风云变幻，时局更迭，重耳终于重返晋国掌握政权，成为晋文公。重耳封赏追随自己的功臣，将介子推遗漏。这时候的介子推已经退隐山林，不问世事。晋文公曾派人去请介子推，但是介子推不肯出来做官；后来，晋文公为逼介子推下山，竟然下令放火烧山，不想以悲剧收场，介子推和母亲抱木而亡。事后，晋文公痛心疾首，但悔之晚矣，于是下令此后每年到了这一天禁火，家家户户只能吃生冷的食物，以纪念这样一位忠臣。唐代诗人卢象在《寒食》这首诗中写道："子推言避世，山火遂焚身。四海同寒食，千秋为一人。"

在隋唐之前，古人一直重"寒食"轻"清明"，那时的清明节只能算作一个单纯的农业节，只不过是二十四节气之一。唐玄宗时，将寒食扫墓正式编入礼典，成为"五礼"之一，根据当时颁布的《假宁令》，清明与寒食节连在一起，放假四日。由此，清明节才逐渐发展成为重要的民俗节日。此后，人们便将寒食与清明合而为一，又因人们常在清明这一天祭祀扫墓，所以清明节的地位慢慢重要起来。此后，清明又融合上巳节。重温古代寒食节的风俗，对于今天的我们而言，或许有一种特殊的意义，它让我们通过一种历史悠久的仪式感，来思考生命的本真：我们从哪里来？我们该往何处去？现场祭扫固然是人人都会想到的仪式，若换一种方式祭扫——真诚的"追思"更是一种深情感怀和真挚祭奠。"拜扫无过骨肉亲，一年唯此两三辰。"（唐·熊孺登《寒食野望》）真正的缅怀是永远记住，亲情因记住而延续，人生因记住而永恒。

诗文雅韵

寒食

唐·韩翃

春城无处不飞花，寒食东风御柳斜。

日暮汉宫传蜡烛，轻烟散入五侯家。

这首诗选取宫廷贵族过寒食节的素材，生动描摹出一幅唐代寒食风俗画。整首诗炼字精当，以“飞”“斜”“传”“散”几个动词转换场景，一幅长安寒食节的立体画卷跃然纸上。

“春城”指春日里的长安城，“飞”字充满灵动，勾勒出长安城春深如海、飞花扑面的美丽景象；“御柳”指皇宫御苑中的杨柳，浩荡东风不仅吹遍长安，也吹进了皇宫御苑。

“日暮”指傍晚，“汉宫”即唐朝皇宫，以汉比唐是唐诗的传统，而“传蜡烛”则反映了当时的风俗。唐朝规定，寒食节这一天举国上下禁火，但皇宫例外，可以点蜡烛。而且，在清明这一天，由皇帝宣旨取榆柳之火，赐以近臣，以示恩宠。唐代的寒食节大约在清明节前一两天，从诗中所反映的情况看，皇帝在寒食节的当晚就借赐新火这个风俗向宫外赏赐蜡烛了。

第四句中的“五侯”有多种说法：一说西汉成帝时王皇后的五个兄弟，当时外戚地位显赫，五个人都封为侯，合称“五侯”；一说指东汉桓帝时五个势力强大的宦官，他们在同一天封侯，也叫“五侯”；一说泛指王侯贵族。此句描写的情景格外传神：因为寒食禁火，傍晚的长安城显得一片暗淡；一队人马从皇宫出来，带着蜡烛奔赴各处；皇宫中蜡烛的青烟随风飘散，一路飘向权贵人家。

据说当朝皇帝唐德宗很喜欢这首诗，钦点韩翃“驾部郎中知制诰”（担任为皇帝起草诏书的工作）。更有趣的是，在当时的朝廷官员中，名字叫韩翃的人有两个，另一位“韩翃”任江淮刺史。为了避免误会，唐德宗特地在韩翃的名字旁边标注了“春城无处不飞花”，以明确意向所指。韩翃被誉为“大历十才子”之一，其诗颇有成就，其人生也颇多故事。有关他的传奇爱情故事，被文人许尧佐写成了小说《柳氏传》，流传至今。

文史小贴士

《月令七十二候集解》

《月令七十二候集解》是一部解释《礼记·月令》的著作，为元代吴澄撰写。该书体例上以月编排，以七十二候分属于一年的二十四节气，以五天为一候，在一候内博考南北方气候与物候的种种现象及变化，为研究天文历法和各地的风土名物提供了不少资料。有研究者认为，《礼记·月令》成书既早，又偏重对北方的气候、物候的描述，《月令七十二候集解》则弥补了这方面的不足。《四库全书总目提要》对本书作者是否为元代吴澄有质疑，认为书中的一些内容“自相矛盾”，“疑好事者为之，托名于澄者也”。

白玉十二月令组佩（清）

快马加鞭，古代的“快递”也很酷

今天的人们大都有网购的经历，只需要在网上轻轻一点，没多久快递小哥就把你买的东西送到家门口了。那么，古人如何邮递物品呢?

古代的时候，交通不便，亲人、友人、知己、恋人如果相距遥远，必定是一段辛苦的牵挂。唐代王之涣的《凉州词》（又名《出塞》）写的就是“千里之外”：“黄河远上白云间，一片孤城万仞山。羌笛何须怨杨柳，春风不度玉门关。”边关苦寒，戍边的将士无法直接感触温暖的春风。而另一边呢，如果身处江南，花红柳绿，想念北方的朋友，手机又没发明、网络又没出世，怎样把南方的春天传递给友人共赏呢?南朝·宋的陆凯有一首诗《赠范晔》：“折花逢驿使，寄与陇头人。江南无所有，聊寄一枝春。”这首诗写的是：思念远方的朋友，想写一封信，可是临到下笔的时候，千言万语，一言难尽；干脆折下一枝花夹在邮包里，请驿使寄给远方的友人，表达我的心情；我没有什么送给你，我把江南的春天邮寄给你。

我国是世界上最早建立完善驿站系统的国家，邮驿历史长达三千多年。驿站是中国古代传递官府文书和军事情报的重要枢纽，也是物资运输、人员往来的交通动脉。通常，驿站分三种：驿、站、铺。“驿”是官府接待宾客和安排官府物资的运输组织；“站”是传递重要文书和军事情报的组织，为军事系统所专用；“铺”由地方政府管理，负责公文、信函的传递。

一般每隔二十里就有一个驿站，一旦要传递的公文注明“马上飞递”的字样，按规定每天三百里，如遇紧急情况，可每天四百里、六百里甚至八百里。

传递紧急公文时每个驿站都用快马，这“快马”有多快呢？

赵孟𫖯浴马图卷（局部）（元）

按唐朝的规定，快马能日行一百八十里左右，单靠一匹马是跑不到的，每到下一个驿站要换人换马，连续传递下去。举个例子，唐天宝十四载（755），安禄山联合史思明在范阳（今北京）发动叛乱，史称“安史之乱”。当时，唐玄宗在陕西临潼华清池，两地相隔三千里，驿站传信，快马加鞭，六日内唐玄宗就得到这一消息，传递的速度达到了每天五百里。这在当时，已经是非常快的速度了。

今天，我们还会在影视作品中看到这样的情节：只见远方烟尘滚滚，瞬间骏马飞驰而至，但见人影一晃，穿着官服，身背公文袋的驿卒翻身下马，急忙将公文袋传给另一个驿卒手中，大喝一声“八百里加急”；随即又见烟尘滚滚，骑者已然远去。唐代诗人岑参在《初过陇山途中呈宇文判官》中有这样几句：“一驿过一驿，驿骑如星流；平明发咸阳，暮及陇山头。”这首诗，把驿站飞驰而过的快马比作流星，一个驿站连着一个驿站，快马飞驰有如流星一般，黎明时分从长安出发，傍晚已经越过陇山之巅。据《大唐六典》记载，唐代最盛时全国有1639个驿站，专门从事驿站事务的人员有两万多人。

王命传任虎节（战国）

当然，受历史条件的局限，当时邮驿的速度、水平不可与今日相比。但古人有他们的智慧，古代的驿站系统与今天的邮政系统、高速公路、物流系统有着异曲同工之妙。

诗文雅韵

过华清宫

唐·杜牧

长安回望绣成堆，山顶千门次第开。

一骑红尘妃子笑，无人知是荔枝来。

晚唐杰出诗人杜牧似乎对华清宫这一题材特别感兴趣，曾写过一首五言排律《华清宫三十韵》，还写过一首七言绝句《华清宫》和三首七言绝句《过华清宫》。此诗是《过华清宫》中的一首。

据《新唐书》记载，杨贵妃“嗜荔枝，必欲生致之，乃置骑传送，走数千里，味未变已至京师”。司马光在《资治通鉴》中也说，杨贵妃“欲得生荔枝，岁命岭南驰驿致之，比至长安，色味不变”。所谓“置骑传送”“驰驿致之”，便意味着动用王朝的力量，转送荔枝到长安。为了确保荔枝的新鲜，唯一的办法就是快马加鞭，尽量缩短运送时间。可想而知，人们为此付出了多少代价。

文史小贴士

安史之乱

公元755年，节度使安禄山借口朝廷出现奸臣，和部将史思明一起发动叛乱，史称“安史之乱”。后来，唐朝调集军队反击叛军，于763年平定叛乱。持续八年之久的安史之乱对社会经济造成极大的破坏，尤其是北方地区遭到浩劫，唐朝的国势从此由盛转衰，各种矛盾越来越尖锐，唐朝的中央权力衰微，安史旧将和内地节度使权势加大，逐渐形成藩镇割据的局面。

古人也有年终奖，各朝各代大不同

“冬月祁寒”，年终岁尾，辛苦工作了一年的朋友们，年底最盼望什么呢？当然是年终奖了，相信大家都期待拥有一份沉甸甸的年终奖。其实，中国古代也有年终奖。

在东汉时期，皇帝在每年两次重要的节日里赏赐百官，分为“春赐”和“腊赐”。据《汉官仪》记载，“春赐”在“立春之日”，“遣使者赐文官司徒、司空帛三十匹，九卿十五匹；武官太尉、大将军各六十匹，执金吾、诸校尉各三十匹。武官倍于文官。”这赏赐的还真不少。而

紫禁城岁时

“腊赐”则“大将军、三公钱各二十万，牛肉二百斤，粳米二百斛。特进、侯十五万，卿十万，校尉五万，尚书三万，侍中、将、大夫各二万，千石、六百石各七千，虎贲、羽林郎二人共三千，以为祀门户直”。腊月是在年终岁尾的时候，所以东汉年间的“腊赐”就相当于现如今的年终奖。

大致折算一下，在东汉后期一枚五铢钱的购买力相当于现在人民币4角，一斛大米重16公斤，由此估算，大将军和三公每人所能领到的年终奖，折合成人民币大概在10万元左右。而当时三公和大将军的月薪只有17500枚五铢钱，折合成人民币不过7000元，领这一回年终奖，要超过他们一年的工资，所以大小官员都期盼快点过年。

唐朝时百官在年终考核中，如果得上等成绩，可以奖给他们一个季度的俸禄，后来追加到一年的俸禄，从一品到九品，一个不落，这大概相当于年终奖了。

北宋时官员的薪资待遇很高，但年终奖发得少。以工资待遇而论，根据《宋史·包拯传》记载，包大人“倒坐南衙开封府”时身兼三职，即龙图阁直学士、权知开封府事、尚书省右司郎中。“龙图阁直学士”这个职位的俸禄，按宋仁宗嘉祐年间颁布的禄令，每年有一千六百五十六贯的货币收入，还有十匹绫、三十四匹绢、两匹罗和一百两绵的实物收入。“权知开封府事”这个职位的俸禄，按《宋史·职官志》记载，每月有三十石月粮（其中包括十五石米、十五石麦），还有二十捆（每捆约十三斤）柴火、四十捆干草、一千五百贯“公使钱”，每月还有一百贯的添支，每年冬天又发给十五秤（每秤十五斤）木炭。另外，作为外任藩府的高级官员，朝廷划拨给他二十顷职田，也就是两千亩耕地，允许他每年收租。估算下来，包拯的年收入不菲。如果折算为现在的货币，很可能年薪过百万了。但是年终奖却很少，每年冬至，皇帝给高级干部们发年终奖，宰相、枢密使以及曾经封王的大臣，每人只有五只羊、五石面、两石米、两坛子黄酒而已。

清朝时有赏赐或赠送荷包的风俗习惯。宫廷每年都要制作大量的荷包，相当一部分供给帝后、妃嫔及其子女们使用，还有些则赏赐给贵族臣僚，尤其是到了年终岁尾的时候。据《啸亭杂录·续录》记载："定制，岁暮时诸王公大臣皆有赐予，御前王大臣皆赐岁岁平安荷包一，灯盏数对及福橘、广柑、辽东鹿尾、猪、鱼诸珍物无算。外廷大臣择其圣眷优隆者，亦赐荷包一，皆佩于貂裘衿领间，泥首宫门前以示宠眷。"《燕京岁时记》："每至元旦，凡内廷行走之王公大臣以及御前侍卫等，均赏八宝荷包，悬于胸前。"那么这荷包里有些什么呢？《养吉斋丛录》记载："当时岁终，赐蒙古亲王大荷包一对，各色玉石八宝一份。小荷包四对，贮金、银八宝各一份，又小荷包一个，贮金银钱四枚，金银锞子四枚。"

古代帝王重赏赐，无非是为了巩固自己的"江山社稷"；给官员们发年终奖，自然也是出于统治目的。但是，能拿到这"年终奖"的，主要还是高级官员；

刺绣荷包（清）

那些低级官员是得不到这份恩宠的，自己的年终奖还得自己想办法。

现如今，我们用自己的双手创造美好生活，年终奖不只是福利，更是一种鼓励，鼓励我们兢兢业业，拼搏奋进，幸福的生活都是奋斗出来的！

诗文雅韵

自况

明·杨继盛

饮酒看书四十年，乌纱头上即青天。

男儿欲画凌烟阁，第一功名不爱钱。

杨继盛（1516—1555），字仲芳，号椒山，直隶容城（今河北容城）人，是明代嘉靖年间的进士，著名的谏臣。“自况”就是自比的意思，他以这首诗袒露自己的胸襟，抒发济世救民、为国建功的赤胆忠心。“凌烟阁”指封建王朝为表彰功臣而建筑的高阁，里面陈列着有功之臣的图像。唐太宗贞观十七年（643），李世民为怀念当初一同打天下的功臣，命画家阎立本在凌烟阁内描绘了功臣们的图像，时常前往怀旧。

此诗中的“第一功名不爱钱”一句，可谓掷地有声，光天可鉴。明嘉靖年间，杨继盛曾上疏力劾权奸严嵩，随后遭诬陷下狱，最终被迫害致死。据说，他临行前写下一副名联：“铁肩担道义，辣手著文章。”明穆宗即位后，为其恢复名誉，追赠太常少卿，谥号“忠愍”，世称“杨忠愍”。

文史小贴士

《汉官仪》

《汉官仪》是一部官制史书，东汉应劭（约153—196）撰，全书共二卷。“仪”就是“法度”的意思，全书主要记述汉代的官制，因此名为“汉官仪”。

枢密使

枢密使是古代掌管机要的中央官员。枢密使一职始置于唐代，其职权本来只是上传下达，并无正式机构、属官，只有三间房屋以储存文书。但枢密使接近皇帝，预闻机密，又代为传达皇帝意旨，易于弄权用事。唐代后期，两神策军护军中尉与两枢密使并称“四贵”，成为实际上的最高决策者。唐朝末年，枢密使由朝臣担任。后梁政权改枢密院为崇政院，以朝臣为崇政院使。后晋初，一度以宰相兼枢密使。五代时枢密使常任用武官，逐渐形成枢密专掌军事的倾向。宋代时中书与枢密院对掌文武二柄，合称“二府”或“两地”。

古人也有拖延症，怎么治？

有网友发起话题讨论，讨论的焦点是如何战胜“拖延症”。其实平心而论，人人都会有懒惰的时候，心里想着这件事情还没到紧急的时候，我先暂时搁置一下，等过段时间再处理。结果呢，就这么一直拖下去，直至迫在眉睫，手忙脚乱。那么困扰当代人的“拖延症”，在古代是否存在呢？当然有，古人也不乏重度拖延症人士。

宋代人写了一本笔记，叫作《籍川笑

竹炉（清）

吴宏秋林读书图扇页（清）

吴伟树下读书图轴（明）

林》，里面记载了一个令人捧腹的拖延症故事。说有一个人性格宽缓，就是做事总是不紧不慢。在一个寒冷的冬日，他和另外一个人围在炉边烤火，看见那个人的衣角被火燎到，渐渐燃烧起来。于是这个人不紧不慢地说："有一事，见之已久，欲言之，恐君性急；不言，恐君伤太多，然则言之是耶，不言之是耶？"他的意思是说："有一件事，我看到很久了。想告诉你，又怕你急。可是不说，你就会受到巨大的伤害。你说我是说，还是不说？"那人问："何事？"他回答说："火烧君裳"，火把你衣服燎着了！那人起身灭火，登时大怒：你早就看见了，怎么不早告诉我！？他说："我言君性急，果是！"他还有理由：你看，我就说你得急嘛，果然跟我急了！眼见火烧衣服都不着急，还等着慢慢告诉人家，这拖延症真不是一般了。

清代一位有名的官员，也是一位出色的文人，叫梁章钜，有一段故事就发生在他的身上。嘉庆年间，梁章钜和朋友去东瓯（今浙江温州一带）游玩，本打算借此机会赴仙岩访古。当时雨天路滑受阻，于是计划着择日再去。可结果呢，一直拖着，到了道光丁未年（1847）的冬天还没去成。又改到来年再去，最终和三五好友一起努力，终于了却了这桩心愿。不过，回头一看，拖来拖去，竟然拖了四十五年。在返程的路上，梁章钜写下了这样的感慨：“回头四十五年光，夙愿谁知老竟偿。”这场本该是说走就走的旅行，竟然拖了整整四十五年光景，把当事人都拖老了。

髡残溪阁读书图扇页（清）

这就好像曾经流传的一首打油诗，讽刺和劝勉那些懒惰的读书人，口口声声要读书，却不肯付诸行动，反复拖延浪费光阴：春天不是读书天，夏日炎炎正好眠；等到秋来冬已至，不如收拾到明年。

拖延症误事，此病一旦得上，消磨意志，错过时机，让人悔之晚矣。所以，古人写了很多诗词告诫后人，务必要珍惜当下，只争朝夕。其中最有名的一首，就是明代文人钱福写的《明日歌》：

明日复明日，明日何其多。

我生待明日，万事成蹉跎。

世人苦被明日累，春去秋来老将至。

朝看水东流，暮看日西坠。

百年明日能几何？请君听我明日歌。

这首诗七次提到“明日”，反复告诫人们要珍惜时间，今日的事情今日做，不要拖到明天，不要蹉跎岁月。

诗文雅韵

杂诗

东晋·陶渊明

人生无根蒂，飘如陌上尘。

分散逐风转，此已非常身。

落地为兄弟，何必骨肉亲！

得欢当作乐，斗酒聚比邻。

盛年不重来，一日难再晨。

及时当勉励，岁月不待人。

陶渊明《杂诗》共有十二首，此为第一首，写于作者五十岁的时候。诗中感叹光阴易逝，赞美人间友爱。这是一组“不拘流例，遇物即言”的杂感诗。可以说，慨叹人生之无常，感喟生命之短暂，是这组《杂诗》的基调。

“人生无根蒂”四句，取意自《古诗十九首》“人生寄一世，奄乎若飙尘”，语言平实，但寄寓奇崛：将人生比作无根之木，无蒂之花，是一层比喻；再比作陌上之尘，又是一层比喻。

正所谓“比中之比，象外之象”，将诗人深刻的人生体验淋漓尽致地表达出来。

“落地为兄弟”四句，取意自《论语》：“子夏曰：‘君子敬而不失，与人恭而有礼。四海之内，皆兄弟也。君子何患乎无兄弟也？’”这些诗句反映了诗人身处乱世对和平、泛爱的一种理想追求。

“盛年不再来”四句，本意是劝慰人们要及时行乐，反映了诗人对黑暗社会的厌恶以及个人意识的觉醒。如今，多被用来鼓励年轻人，要把握时机，珍惜年华，拼搏奋进。

焦秉贞陶渊明归去来辞图扇页（清）

陶渊明一生坎坷起伏，早年有济世之志，出来做官；后来憎

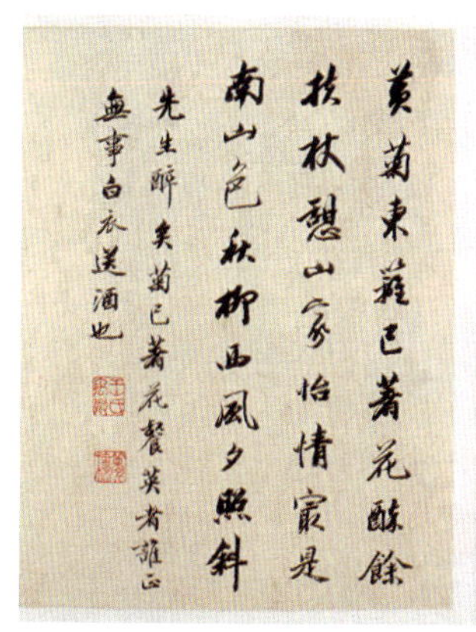

石涛陶渊明诗意图册（清）

恶官场污浊，辞官归隐。他的诗风质朴自然，意境浑成，极富深情和洞见。苏轼评价他的诗：“质致实绮，癯而实腴。”元好问则评价为：“一语天然万古心，豪华落尽见真淳。”

文史小贴士

笔记

“笔记”又称随笔、笔谈、杂录、札记等，泛指前人随手记下的零星的随笔、杂谈之类的不拘体例的作品。笔记题材相当广泛，有的著作涉及政治、历史、经济、文学艺术、自然科学、社会生活等各个领域，其中不乏佳作，有的具有相当高的学术价值。笔记自汉魏一直盛行到明清，但正式以《笔记》作为书名，则始于北宋的宋祁。古代的笔记就其内容大致可分为三类：小说故事类、历史琐闻类和学术考据类。

《籍川笑林》

《籍川笑林》是宋代人编写的一本笑话集，作者不详。

时间管理专家：董遇

《礼记》中有一句话流传很广："凡事预则立，不预则废。"做任何事情，事前需要周密的计划和充分的准备，这样才更容易成功，否则有可能整段垮掉。

在当代社会，《礼记》中的这段话依然有效。尤其是我们的学习和工作，依然要做好计划，管理好时间，分秒必争。

东汉末年，有一位学者叫董遇，字季直，他对《老子》《左传》这些经典颇有研究，被读书人奉为"一代儒宗"，他在时间管理上的一些心得感悟，给人们很大启发。

相传，董遇早年家境并不富裕，又逢乱世，颠沛流离，靠砍柴卖钱维持生计。日子过得很艰难，有了上顿没下顿。但是，每次上山砍柴，董遇都带着本书，在劳动间歇的时候拿出来读，有时还高声吟诵。只要能读上书，他就特别高兴。他的哥哥董季中笑话他是个书呆子，砍柴就够累的了，谁还有兴致读书呀。街坊邻里也都知道他是个呆萌的书生，笑他木讷。

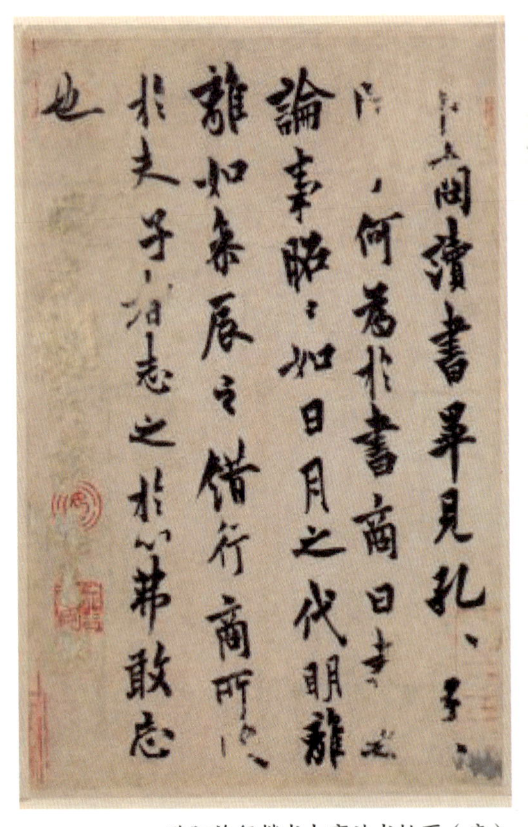

欧阳询行楷书卜商读书帖页（唐）

东汉末年，天下大乱，为躲避战乱，董遇和哥哥弃家逃亡，后来投奔了将军段煨。到了建安时期，曹操“挟天子以令诸侯”，将汉献帝接到许昌。这段时间，局势稍有平稳，朝廷遴选人才，各地举荐有识之士，董遇因此而浮出水面。由于他学识渊博，很快升任黄门侍郎。“黄门侍郎”这个官职有些特殊，属于宫廷里的郎官，是在皇帝身边工作的人员，可以传达诏令。后来，董遇做了汉献帝的侍讲官，专门负责向汉献帝传授各种文化经典。汉献帝很钦佩他的才学，对他十分信任。

再后来，董遇声名远播，引得不少仰慕者纷至沓来，纷纷要拜他为师，向他请教，追随他学习儒家经典。可董遇呢，不肯讲解，他说：“必当先；读百遍！”又说：“读书百遍，其义自见。”这句话很有名，董遇希望大家能认真地读书，反复地阅读和领悟，不断地研究和琢磨，而不必着急听别人的解读。看得出来，他是鼓励人们勤奋刻苦、独立思考的。可是，来访的人却感慨，我也知道把书读一百遍的道理，可是谁有那么多时间去读书呀！董遇回答说“当以三余”，就是说你要把握三种闲暇的时间。哪“三余”呢？“冬者岁之余，夜者日之余，阴雨者时之余也。”董遇是一位勤奋又有情怀的人，漫漫冬日，冰天雪地，农耕闲暇，董遇在那里静静地读书；漆黑长夜，烛光微弱，星辰寂寥，董遇在那里静静地读书；阴雨绵绵，独坐窗边，天地朦胧，董遇在那里静静地读书，这该是怎样的一种笃定和坚持！

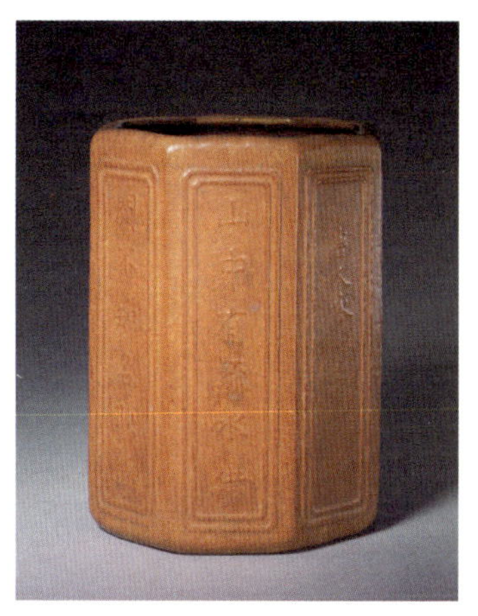

匏制八方笔筒（清·康熙）

黑漆镶文竹人物纹方笔筒（清）

董遇治学态度严谨，收的学生很少，他所注释的《老子》和批点的《左传》都没能留传下来。但是，他所倡导的“三余读书”的精神流传了下来，受到历代文人的肯定和赞赏。现如今，“三余读书”成为一个典故，用来勉励读书人要珍惜光阴，加倍努力，只争朝夕。

浣溪沙

宋·晏殊

一向年光有限身，等闲离别易销魂。酒筵歌席莫辞频。

满目山河空念远，落花风雨更伤春。不如怜取眼前人。

晏殊的人生经历很特殊，十四岁时以“神童”应举，赐同进士出身，很早进入官场，然后一步一步升迁到馆阁学士、知制诰、翰林学士、枢密使、宰相。可以说，他的整个青年时期，完全被官场生活所包围。有研究者认为，这些早年经历影响了晏殊的一生，或许是造成他政治上保守、为人处世谨小慎微的重要原因。再有，据学者考证，晏殊二十二岁至三十岁之间，父亲、母亲、妻子、弟弟先后去世，这对年轻的晏殊来说应是一系列巨大打击，这也会影响到晏殊对“人生无常”的感同身受，对“世事难料”的深切体悟。

晏殊与董遇有些相似的地方：都是勤学不倦，都曾经做过天子的伴读，都对时光流逝特别敏感，都力争把握当下。这首词提醒人们，光阴短暂，生命稍纵即逝；还兼有种种聚散离别，莫名的遭遇和无奈的悲哀。于是，只能常常在酒宴歌曲中排遣、宽慰。看到遥远的山水，便会想到山那边、水那岸怀念之人；风雨将花朵摧残得落满一地，春天也是易逝的，如此想来更生伤春愁情。但是想开点吧，空空的念远，白白的伤春，远人不会回来，春光也不会停留；不如把握当下，珍惜现在的朋友，过好现在的生活。

文史小贴士

侍讲官

“侍讲”之名始于东汉，本指朝臣入授太子，并非官名。汉明帝、汉章帝学识德行的养成，都曾得益于儒臣的侍讲。“侍”乃身份低卑者立于尊者之侧的意思，可见东汉帝师地位并不高。东汉以朝臣兼领侍讲之制，为三国魏吴及十六国政权所承袭。此外，南朝齐梁又有侍读之名。

唐玄宗时恢复侍读的制度，由朝廷官员兼任集贤院侍读学士、侍读直学士。到了宋代，侍读侍讲已成定制，成为君主教育的主要方式。按照宋代的规定，凡侍读学士、侍讲学士、侍读、侍讲及崇政殿说书，皆称为经筵官，为儒臣之荣选，乃至清要显美之官。其品秩虽卑，但能利用进讲的机会，藉解说经义向皇帝陈说对政事的看法，影响君主施政，偶尔亦能受到殊遇。明、清两代发展为“经筵”制度，成为帝王教育的一种重要方式。

古人读书好去处

春暖花开日，读书正当时，每年的4月23日是世界读书日。今天的孩子们背着书包去学校读书，大人们也会利用业余时间去图书馆读书。那么，中国古人去哪里读书呢？答案是书院。

在唐代，出现了中国历史上最早的书院。这些书院起先是一些山林寺院，试想一下，寺院建在幽静的山林之中，环境清幽，免于世俗

任熊画姚大梅诗意册（局部）（清）

丁观鹏西园雅集图轴（局部）（清）

喧嚣；寺院多有藏书，自然聚揽人气，儒士、书生纷至沓来。

唐代中期以后，官学颓败，专为世家大族服务的“官学”无法满足寒门子弟的求学渴望，一些知识分子和著名学者开始在寺院讲学教书，传道授业。

唐朝末年至五代时期，社会动荡，战乱频仍，许多读书人退隐山林，创立了书院。这个时期，有案可查的书院大概有七十所左右，其中大多数是藏书修书之地；还有一些书院更为开明，不限身份和地域招收学生，让许多寒门子弟有了受教育的机会。

北宋初年，社会逐渐稳定，天下读书人渴望求学。而在宋初的八十年里，朝廷只能勉强维持国子监和太学，地方教育发展迟缓。这个时期，印刷术的进步丰富了民间藏书，仿效唐、五代时期的那种聚众讲学之风再度兴起，催生了民间书院的蓬勃发展。

后来，南宋文学家吕祖谦在《白鹿洞书院记》中记述了北宋初期书院兴起的状况：“国初斯民，新脱五季锋镝之厄，学者尚寡，海内向平，文风四起，儒先往往依山林，即闲旷以讲授，大率多至数十百人。”宋代有记载可查的书院总数达到七百二十所，是唐、五代时期的十倍。北宋政府因势利导，宋太宗至宋仁宗的六十余年间，通过赐田、赐额、赐书、召见山长、封官嘉奖等一系列措施对书院加以褒扬，培植出以岳麓、白鹿洞、睢阳（应天）、嵩阳为代表的“天下四大书院”。

我们熟知的北宋政治家、文学家范仲淹曾经执掌过应天书院，他写过一篇《南京书院题名记》，叙述了书院的创办历史，赞颂了书院的优良学风，阐明了书院的育人目标：“聚学为海，则九河我吞，百谷我尊；淬词为锋，则浮云我决，良玉我切。然则文学之器天成不一，或醇醇而古，或郁郁于时，或峻于层云，或深于重渊。至于通易之神明，得诗之风化，洞春秋褒贬之法，达礼乐制作之情，善言二帝三王之书，博涉九流百家之说者，盖互有人焉。若夫廊庙其器，有忧天下之心，进可为卿大夫者；天人其学，能乐古人之道；退可为乡先生者，亦不无矣。”

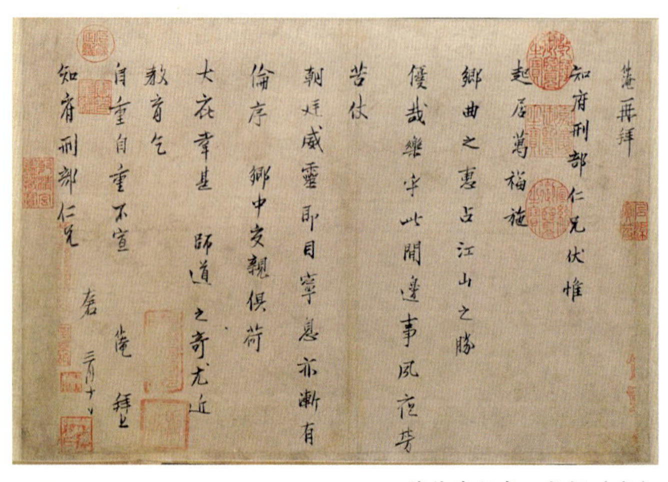

范仲淹行书二札帖（宋）

每当读书季来临，回望这些古朴的书院，由衷地钦佩古人那种潜心治学，求真务实的作风；自然也会感慨，书香久远，文脉千年传承。

诗文雅韵

韩舍人书窗残雪

唐·戎昱

风卷寒云暮雪晴，江烟洗尽柳条轻。

檐前数片无人扫，又得书窗一夜明。

戎昱早年参加科举考试不中，曾漫游于荆南、湘、黔间，还曾客居陇西、剑南等地。他的诗作大多吟咏客中山水景色，或忧念时事。

此诗清新、明丽，用字精准，又题作《霁雪》。“卷”字似可感受到寒风呼啸、劲风扫荡，昨晚下雪，今早天空放晴，太阳照耀大地，寒消雪融，只剩残雪。“洗”字写出劲风扫荡之后的效果，那就是吹散了满江的云烟雾气，江天澄明清朗，纤尘不染，如水洗一般；“轻”字写出原本是沾雪压低的柳条，被劲风扫荡之后，雪被吹落，柳条变得格外轻盈，婀娜摇曳。从风云到柳条，雪后天晴的江边景色尽收眼底。

第三句由壮阔江天转为细微眼前，聚焦韩舍人的檐前。“又得书窗一夜明”巧妙化用“囊萤映雪”中“映雪”的典故。据《尚友录》记载：“晋孙康，京兆人。性敏好学，家贫无油，于冬月尝映雪读书。”这也是对韩舍人刻苦勤勉、好学不倦的赞许。

由此，我们亦可瞥见古人苦读不辍的执着身影。

文史小贴士

唐代官学

唐代官学是中国古代完备的封建官学制度的代表。

唐代中央官学设有六学、二馆。六学是国子学、太学、四门学、书学、算学、律学，直隶于国子监，长官称国子祭酒。六学中的前三学属以研习经学为主的大学性质，后三学属专科性质。二馆分别是崇文馆和弘文馆。崇文馆直隶于东宫，弘文馆直隶于门下省。除此之外，还有直隶于尚书省祠部亦属大学性质的崇玄学，直隶于中书省的集贤殿书院（相当于国家级图书馆），附设于太医署的医学，附设于太仆寺的兽医学，附设于司天台的天文历算学等。皇族子弟另立小学。日本、新罗等国的大批留学生也进入唐朝官学中学习。

唐代地方官学属中小学性质，在各府有府学、各州有州学、各县有县学，县内又有市学和镇学，由长史（相当于教育厅长）管辖。地方学校有医学和崇玄学，它们通过中央医学及中央崇玄学归太医署和祠部管辖。

传承千年文脉的中国古代四大书院

今天的孩子们，通常是六岁上学，小学、初中、高中，然后经由高考到大学里深造。从小学到大学，一个孩子至少要做十六年的学生，度过漫长而重要的学习时光。中国古人上学都去哪里呢？在这里聊一聊中国古代的民间教育机构“书院”。

“书院”的称谓最早出现在唐代。一些知

袁煦览翠读书纨扇（局部）（清）

吴宏秋林读书图扇页（清）

识分子和著名学者，传道授业，讲学教书，聚拢了许多读书人；唐朝末年至五代时期，社会动荡，战乱频仍，官学衰败，许多读书人退隐山林，创立了书院。

宋代，民间书院蓬勃兴起。有富商、学者自行筹款，于山林僻静之处建学舍，还有的置学田收租，以充经费。北宋以来，更出现了所谓中国古代“四大书院”，声名远播、人才辈出。

先说应天书院，又名睢阳书院、南京书院，位于今天的河南省商丘市睢阳区商丘古城南面。“宋朝兴学，始于商丘”。应天书院的前身是南都学舍，为五代后晋时期的商丘人杨悫创办。后来杨悫的学生戚同文继承师业，继续在商丘办学，影响很大。商丘旧名睢阳，故又称睢阳书院。应天书院创办的时间早，办学规模大，持续时间长，培养出的人才多。北宋大中祥符二年（1009），河南商丘属应天府管辖，一个叫曹诚的人捐了一笔钱，盖了一排排学舍，汇聚了众多文献典籍，广招学生。应天府的官员把这件事上奏皇帝，宋真宗很是高兴，就赐了个匾额亲笔题写“应天书院”。到了宋仁宗景祐元年（1034），应天书院改为府学，就是皇家认可的官办书院，于是改名为“应天府书院”，朝廷还拨给书院田地十顷，用以助学。到了宋仁宗庆历三年（1043），一来因为应天府是北宋的陪都“南京”，政治地位重要；二来因为应天府书院办得好，吸纳了天下读书人，于是朝廷直接将书院升格为南京国子监，成为北宋王朝的最高学府。这个书院教学成果显著，北宋政权开科取士，应天书院毕业的学子在科举中及第的竟多达五六十人，被世人尊为四大书院之首。

再说白鹿洞书院，位于江西省九江市庐山五老峰南麓后屏山下。传说唐朝贞元年间，一个叫李渤的读书人在此地隐居读书，他养了一只白鹿通人性，不仅常常伴随主人左右，甚至还能跋涉几十里地帮主人购买笔墨纸砚。当时的人们称李渤为白鹿先生，将其隐居之所称为白鹿洞。后来，李渤在这里创办学校，成为白鹿洞书院的前身。

著名的岳麓书院，位于湖南长沙岳麓山脚，是保存最完好的

钱维乔松堂读书图扇页（清）

一座古代书院。还有著名的嵩阳书院，坐落在河南省登封市的嵩山南麓，面对双溪河，古人将山南水北之地称为“阳”，位于嵩山之阳的嵩阳书院因此而得名。

在中国古代，一座书院就是一所学校，也是一座教育与文化交流的中心。应天书院曾经得到北宋文学家、政治家晏殊的大力支持，“先天下之忧而忧，后天下之乐而乐”的范仲淹在这里长期执教；嵩阳书院是宋代理学的发源地之一，见证了新儒学大家程颢、程颐兄弟的讲学经历；岳麓书院有“潇湘洙泗”的美誉，孕育了闻名天下的“湖湘学派”，南宋的儒学大家朱熹来这里讲学；白鹿洞书院为南宋以后中国封建社会七百年书院办学的典范样式，被誉为“海内书院第一”。

现如今，这些古朴的书院还在默默地传递着悠久的文化讯息，提醒后人潜心治学，求真务实，继承中华优秀传统，传承中华千年文脉。

诗文雅韵

观书

明 · 于谦

书卷多情似故人，晨昏忧乐每相亲。

眼前直下三千字，胸次全无一点尘。

活水源流随处满，东风花柳逐时新。

金鞍玉勒寻芳客，未信我庐别有春。

这是一首流传很广的劝学诗，诗人用拟人的手法将书卷视为老友，以自身读书的体会来吟咏读书的收获和美好。

“故人”是旧交或老友的意思，“晨昏”指早晚，旦暮。诗人将书卷比作老友故交，将其视作朝夕相处、共担忧乐的伙伴。“三千字”是泛指，并非确数。“胸次”即“胸间”，亦指胸怀。诗人读书如饥似渴，心无杂念。

“活水”化自朱熹《观书有感》：“半亩方塘一鉴开，天光云影共徘徊，问渠那得清如许？为有源头活水来。”“逐时”是时序相连的意思。诗人的体会是，勤奋读书，持之以恒，定会有所收获。就好像总有活水注入，滋养心灵；又像东风吹拂百花盛开，春潮涌动柳枝染绿，皆是与时俱进，次第展开。

“金鞍玉勒”指的是饰金的马鞍和饰玉的马衔，泛指华美的车架、显贵的物件。“庐”本指乡村中一户人家所占的房地，隐身为村房或小舍，这里指书房。诗人觉得读书可以明理、览胜，也可以观史、鉴人，相较于那些带着华丽车马去野外郊游的人，读书人在书房里同样可以拥有五彩缤纷的春天。

于谦（1398—1457），字廷益，钱塘（今浙江杭州）人，他所处的时代，以朝中一批文官为代表的庙堂文学风靡文坛，文字中充满了华丽辞藻和粉饰太平；相比之下，他独自大声疾呼“发于心，形于歌咏，尽乎人情物变”，强调诗歌要“深于理而适于趣”，并以此与“台阁体”相抗衡。他不愿写无聊的应酬文字，也不屑写无病呻吟的官样文章，他所作的诗大都是有感而发，信手写出，不计工拙。《四库全书总目提要》评价他的诗“风格遒上，兴象深远，虽志存开济，未尝于吟咏求工，而品格乃转出文士上，亦足见其才之无施不可矣”。

文史小贴士

湖湘学派

湖湘学派也称湖南学派，亦称湘学，是中国思想史上延续时间最长、成就最高、影响最大的学派之一。湖湘学派的思想源于北宋学者周敦颐的“濂学”，由北宋学者胡安国奠基，北宋学者胡宏创立，在南宋学者张栻时达到鼎盛，流及明清而接续近现代，形成了以岳麓书院为中心的跨时代人才群体。周敦颐的思想对湖湘文化及湖湘后人产生了巨大的影响。周敦颐认为，无论是做官，还是学道，都必须先立“诚”，要无私无欲。历史上的湖湘志士，都非常注重道德修养，并以一种强烈的政治热情投入到当时的社会运动中去。

辽宁古代的书院原来这么强

据专家考证，早在500多年前，明朝的弘治六年（1493），出现了辽宁历史上的第一座古代书院，叫作“辽右书院”。这座书院相传是由当时的巡按御史樊祉创建，选址于锦州城的文庙。

说到樊祉这个人，很有意思。他是河南延津县胙城乡人，明朝成化二十三年（1487）考取了进士。后来做官，当过监察御史。这是个什么官呢？明代中央政府设有监察机关“都察院”，主要负责监督各级官员，整肃官场风气，惩治贪官污吏。“都察院”的主要负责人叫“都御史”和“副都御史”，这是主官；接着就是各位监察御史，樊祉当年就是“都察院”的监察御史。监察御史不能总在京城待着，他要代表“都察院”到各地去巡查。如果一位御史去巡查地方，他就被称为巡按御史。这就等于是出差了，当年樊祉奉命出差巡查的地方就是辽东，因此他就是一位辽东巡按御史。在明朝，监察御史或者巡按御史这个官，级别并不高，也就是一个正七品的小官，“都察院”这样的七品监察御史有一百几十人。但影响力却不小，所谓“代天子巡狩”，“大事奏裁，小事立断”，地方上的民情疾苦、官员失职、执政得失，他都记录在案，回京禀报。

绣线杨应琚书《盛京赋》（清·乾隆）

樊祉到了辽东，先是创建了“辽右书院”，选址在锦州城的文庙；一年之后又主持创建了“辽左书院”，选址在辽阳城的西南角。樊祉有他的情怀，他希望把“辽右”“辽左”两个书院打造成辽西、辽东的两个儒学教育中心。这两座书院是整个东北地区建立最早的书院，开东北书院教育之先河。

樊祉还是一位倡导“清正廉洁”的官员。传说他在苏州巡查的时候，拜访了陆绩故居。这位陆绩是东汉末年的一个清官，为官届满卸任回乡的时候，没有金银财宝，竟然在船舱里放了一块大石头来“压舱”。樊祉把陆绩故居的这块大石头挖出来妥善保管，还亲笔写了“廉石”两个字刻在上面；后来这块“廉石”又被移到了苏州文庙内，供人敬仰。

樊祉在辽阳创建的这座辽左书院，又名“辽阳书院”。到了明朝嘉靖年间，被当时的辽东巡按御史李辅更名为“正学书院”。“正学书院”注重传授道德性命之学，培养学生的封建道德信念；正学书院的学子享受“津贴”待遇，而“津贴”的多寡与他们的学习成绩直接相关。

发展至清代，辽宁地区出现“盛京三大书院”，分别为铁岭的银冈书院、辽阳的襄平书院、沈阳的萃升书院。其中，铁岭的银冈书院是清朝东北地区建立的第一所书院，也是一所完全由私人创建的书院，培养了许多文化人才，包括续写《红楼梦》的高鹗。而沈阳的萃升书院延续时间最长，从康熙五十八年建立，一直到20世纪20年代，前后长达200年。

这些古代书院，见证了一代又一代知识分子的文化传承，也在东北地区的古代教育史上留下了深深的印迹。

诗文雅韵

书院

宋·刘过

力学如力耕，勤惰尔自知。

但使书种多，会有岁稔时。

这首诗明白晓畅，富有哲理。“力学”就是努力读书的状态，“力耕”就是勤劳耕作的样子，诗人将读书比作耕地，正所谓“一分耕耘一分收获”。“岁稔”是年成丰熟的意思，形容农田丰收，果实满满，化自唐代大诗人白居易的《泛渭赋》序：“上乐时和岁稔，万物得其宜。”此诗劝诫读书人，努力学习就像是用力气去耕田，勤劳、懒惰只有自己知道；即使书目繁杂、学海浩瀚，只要肯下苦功夫，终究会迎来学有所成、收获满满的那一天。

刘过（1154—1206），南宋文学家，词风与辛弃疾相近，与刘克庄、刘辰翁享有“辛派三刘”之誉，又与刘仙伦合称为“庐陵二布衣”。

文史小贴士

都察院

都察院是明清两代最高监察机关。明洪武十五年（1382），朱元璋改前代所设御史台为都察院，设左、右都御史为最高长官，其职权总的是“纠劾百司，辨明冤枉，提督各道，为天子耳目风纪之司”；都御史下设副都御史、佥都御史，为都察院各级长官；又按照十三道，分设监察御史。监察御史是都察院官员的主体，负责巡按州县，专事官吏的考察、举劾。相比于汉、唐的御史台，都察院还具有很强的司法功能，其与大理寺、刑部合称为三法司，遇到重大案件均由三法司共同会审。清代，都察院制度基本沿袭明制。因清代统治者担心地方官员和军队对抗中央，经常派都察院御史以巡抚、提督、总督等临时官衔到地方上监督行政长官和武官。久而久之，巡抚、提督、总督等这些本是特派员性质的都察院官员便成了地方行政长官或军政首脑。

看个书而已，为啥古人如此爱“装”

中国古人一向爱书，在书、画的保护与保存方面更是不遗余力，尤其偏爱“装潢”。这里说的“装潢”并不是当代社会装修房屋的那个“装潢”，在古代“装潢”一词泛指书籍的装帧，是一整套保护书籍、保存字画的方法和技艺。据学者考证，“装潢”一词自南北朝时期就开始使用了。

粉彩描金书函式金钟笼（清·乾隆）

中国古代书籍的装潢样式有很多，有一个专门的词形容叫作“护帙”，“护”就是呵护、妥善地保存，“帙”表示书的整理和存放，后来指书、画外面包的套子。古书的装潢有很多种，有简策装、卷轴装、旋风装、经折装、册页装、蝴蝶装、包背装、线装……

剔红团花书函式匣（清中期）

简策装最古老，它是古人把散落的竹简编起来，用麻绳、丝绳或皮绳绑起来，就像是竹帘子的编法；编完一篇内容为一件，称为“策”，也称“简策”。

黑漆嵌螺钿描金云龙纹书格（明·万历）

蝴蝶装是将单面印成的书页，有文字的一面朝里对折，将中缝处粘贴在一张用于包背的纸上。采用蝴蝶装的书籍在翻阅时，展开的书页犹如蝴蝶的双翅。包背装和蝴蝶装类似，只是将对折页的文字朝外。卷轴装大家很熟悉，就是把印好的这页纸按照规格裱起来，一页接一页连起来长长的，两端粘接在圆木上或者其他材质的轴上，不看的时候卷成一束。直到现在，字画的装裱还沿用着卷轴装。

经折装又叫梵夹装，是将一副长卷子向左、右反复折叠，形成一个长方形的折子，前后各加一张硬纸板或木板，作为书皮的装帧方式，佛教经典多用这种方法。后来发展成为册页装，由一张张对折的硬纸板组成，可以左右或上下翻阅。旋风装则是经折装的另一种变化，用一整张纸作书面，将其首尾粘贴起来，使首页和末页相连缀，便于循环翻阅。直到公元15世纪的明朝中叶，人们开始将零散页张集中起来，用订线方式穿联成册，线装书的时代由此开启。

在中国古代，图书装潢不仅是一门技术，也是一门艺术，是评判古籍等第高下的一个重要依据。图书的等第越高，装潢的档次也越高。因此书籍的“装潢”除了装订外，还包括书具如函套、书匣、书箱的设计与制作。

古人会用布或锦给书做一个外套，即“函套”，有点像现在文具店流行的那种布艺或皮艺手账本的外套。古人还会选择优质的木材，打造装书的书匣或书箱，其外观造型力求雅致精巧；箱盖、匣身还要镌刻上书名，甚至还要名家手笔，手书上板；还要雕刻书画、镶嵌珠玉宝石。如此“装潢”，足可见古人对书的热爱与珍视。

冬夜读书

明·文徵明

故书不厌百回读，病后惟应此味长。

千古精神如对越，一灯风雨正相忘。

卷中求道深知谬，意外图名抑又荒。

束发心情谁会得，中宵抚几自茫茫。

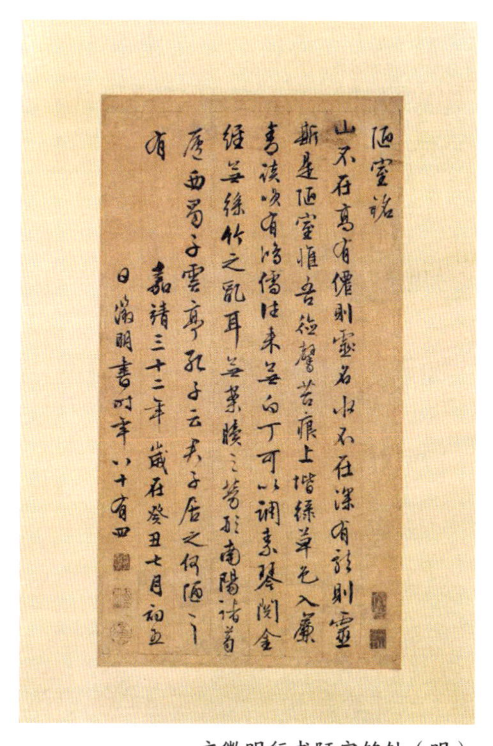

文徵明行书陋室铭轴（明）

文徵明是明代著名的画家、书法家、文学家和鉴赏家，其诗、文、书、画无一不精，人称“四绝”；与其老师沈周共创“吴派”，在画史上与沈周、唐寅、仇英并称“明四家”；在文学上与祝允明、唐寅、徐祯卿并称“吴中四才子”。但是，文徵明在参加科举考试求取功名的道路上却十分坎坷，生平九次参加乡试不中，直到五十三岁才有机会被举荐入朝，授予翰林院待诏之职，仅仅三年后便辞官回乡。

此种人生经历使得文徵明对读书有着一种复杂心情：一方面，传统的功名心促使他苦读四书五经，以参加科举考试；另一方面，这种为应试而读书的做法与他的人生志趣并不相合，他终生追求独立人格，与当时的官场格格不入。

文徵明虽然没有能够通过科举考试取得功名，并为此遗憾终生，但是这并不能掩盖他在文化艺术上所取得的卓越成就，以及所散发出的耀眼光芒。有西方研究者做了一个形象的描述，16—18世纪的300年间，文徵明在中国的影响力相当于欧洲文艺复兴时期的米开朗琪罗。

他在准备第二次参加科举考试时，写了这首《冬夜读书》。

文史小贴士

竹简

竹简是古人用来写字的竹片。早在商朝时期，古人就已经使用毛笔和墨在竹片上写字。竹简长约一二尺，宽半寸左右，每片最多可写三四十个字，少的只能写七八个字。一份文件往往要用很多竹简，一部书就要上千片竹简。数量繁多的竹简要按照顺序串联起来，用丝绳串的叫作“丝编”，用熟皮带串的叫作“韦编”。编串起来的竹简，称为“册”。

古代的书有多贵

中国古人对书向来珍视，不仅是因为书里面蕴含着真知灼见，也是因为在古代刻印一本书真的很贵。

近代藏书家叶德辉曾经写过一本著作叫作《书林清话》，其中详细地介绍了中国古代雕版书籍的各种专门知识。据《书林清话》记载，历朝历代刻书印书的价格不尽相同，但实际的费用都要比今天的书贵很多。比如，明

《钦定古今图书集成》（清·雍正）

代的一个人刻书，总共刻了一百六十一块雕版，付给刻工纹银二十四两，这个价格在藏书家看来“其价廉甚”，竟然感觉十分便宜。但是如果以今天的眼光看，刻印一本书，一百多页，光给刻工的工钱就要二十四两白银，那是相当昂贵了。

不仅刻书价格不菲，搜罗好书、收藏好书也同样是花钱不少。明朝末年收藏家毛晋就热衷于搜集善本秘籍遗书，不惜高价买书。毛晋是江苏常熟人，他有一个别号“汲古主人”，他在自己家大门口贴出告示，宋版书一页愿出二百钱，旧抄本每页值四十文；尤其是善本，毛晋号称“别家出一千，主人出一千二百”。一时之间，常熟当地流行一句话“三百六十行生

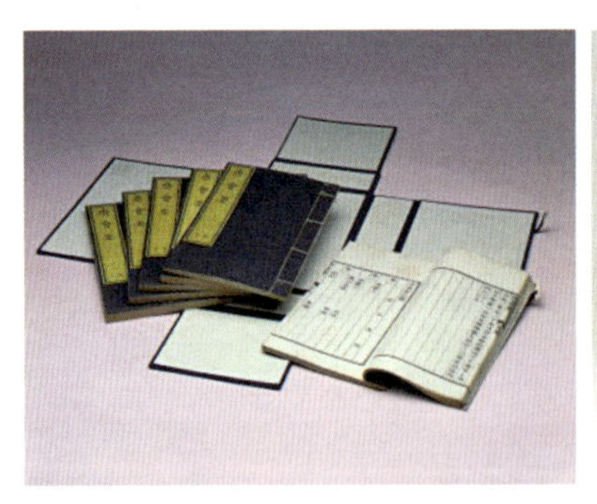

《钦定武英殿聚珍版书》（清·乾隆）

《通典》（清·乾隆）

《唐音统签》（清·康熙）

《分类字锦》（清·康熙）

意，不如鬻书于毛氏”。就是说，无论做什么生意赚的钱都不如你搞到一本好书卖给毛晋挣得多。

再举一个例子。当代著名武侠小说家金庸先生本名查良镛，出生于浙江省海宁市。在海宁当地，查家算得上是名门望族，代代书香，查氏宗祠有康熙皇帝亲笔题封：“唐宋以来巨族，江南有数人家”。金庸的祖父叫查文清，是清光绪年间的进士，曾在江苏丹阳做过知县。在清宣统初年，查文清要为查家的列祖列宗编修诗集，就花钱雇人在家里刻书。这一举动在当时人看来，可不得了，只有家底丰厚的人家才有实力自己刻书。据史料记载，清末一个普通的农民忙活一整年，一般也就能挣六七两白银，这还没算上吃穿用度的花销，赶上丰收也挣不到十两白银。而查文清老先生当年的藏书和搜集的诗稿，价值竟然可以超过万两白银。在清代，许多小县城一年的地丁银也仅仅收取一万多两。这样一对比，查家可真是大户人家，为了藏书、看书、刻书的开销，很有可能已经超过一个小地方的全年税收了。

由此看来，今天的我们是非常幸运的。书籍已经成为我们亲近的朋友，给我们以营养，伴我们成长。

诗文雅韵

劝学诗

宋·赵恒

富家不用买良田，书中自有千钟粟。

安居不用架高堂，书中自有黄金屋。

出门莫恨无人随，书中车马多如簇。

娶妻莫恨无良媒，书中自有颜如玉。

男儿欲遂平生志，五经勤向窗前读。

中国古代的知识分子通常要读“五经”，即《周易》《尚书》《诗经》《礼记》《春秋》等，这些书早在先秦时代就已经有了，但那时候还称不上“经”。西汉时期，汉武帝接受董仲舒“罢黜百家，独尊儒术”的建议，在长安兴办太学，以儒家的这五部典籍作为教材，将儒家的学说立为正统思想，从此儒学居于主导地位，五部典籍也被称作“五经”。

皇帝下诏经常引用这些典籍中的语句作为根据，《汉书·哀帝纪》记载，汉哀帝引用《春秋》中的“母以子贵”为根据，把自己的母亲尊为“恭皇后”。汉昭帝驾崩后，大将军霍光提议让十八岁的病已（即后来的汉宣帝刘询，小名病已）来继承皇位，主要的理由就是病已学过儒家的《诗经》《论语》《孝经》等书。在官员的选拔上更是如此，西汉以来第一位以丞相封侯的公孙弘正是因为对《春秋》有深入的研究，被汉武帝所看重。

隋炀帝时创立“进士科”，标志着科举制度的正式确立。唐代则进一步完善了科举制度。宋初大幅增加科举取士的名额，提高进士地位，进士不仅授官从优，而且升迁迅速。“五经”作为科举考试的必读书目，受到了格外的重视，对宋朝社会产生了深远影响。

文史小贴士

《书林清话》

《书林清话》是一部系统介绍中国历代雕版印刷书籍专门知识的笔记体著作，作者为近代藏书家叶德辉。内容包括书籍和版本的各种名称，宋元以来历代官刻、私刻、坊刻的源流，各时代的著名刻本，古代活字印刷、彩色套印的创始和传播，历代刻书的规格、所用材料以及工料价值的比较，印刷、装潢、鉴别、保存的方法，还包括有关刻书、抄书、藏书、卖书的遗闻掌故。

叶德辉（1864—1927），字奂彬，号郋园，湖南湘潭人。近代藏书家、版本目录学家。著有《郋园丛书》《观古堂藏书目》等。

好学不倦的康熙

唐代文学家韩愈有一句名言“书山有路勤为径，学海无涯苦作舟”，意思是在读书学习、求取真知的道路上，没有捷径可走，没有顺风船可乘；你必须在书山学海中辛苦跋涉、执着奋进，你才能用双脚踩出一条路，用拼搏打造出一艘船。

清朝第四位皇帝康熙是中国历史上少有的一位“好学不倦”的帝王，在读书方面堪称勤奋、刻苦的模范生。据说康熙五岁入书房读书，他的启蒙老师是孝庄皇太后，对他的要求十分严格：目不斜视，坐如钟，站如松，认认真真，一丝不苟。这些规矩虽然苛刻，却为他日后养成良好的读书习惯打下了扎实基础。据史料记载，少年时代的康熙昼夜苦读，不论寒暑，甚至废寝忘食；他自己又喜好书法，“每日写千余字，从无间断”；他读“四书”，即

《大学》《中庸》《论语》《孟子》“必使字字成诵，从来不肯自欺”。后来，他要求皇子们读书要读满百遍，还要背诵，就是他早年读书经验的传承。正是如此拼搏，成就了康熙的人文修养和宽阔视野。

《御制清文鉴》（清·康熙）

康熙十分重视整理文化典籍，他下令编纂《清文鉴》（满文字书）、《康熙字典》《古今图书集成》《全唐诗》《皇舆全览图》等，开一代风气之先，他还留下了一千一百四十七首诗词。

《康熙字典》（清）

康熙对医学也颇感兴趣，四十岁那年得了疟疾，通过中医未能治愈，西方传教士进献金鸡纳霜（奎宁）治好了他的病。

《全唐诗》（清）

于是，康熙对西药发生了兴趣，命人在京城炼制西药，还在宫中设立实验室，试制药品。他亲自提倡种痘以防治天花，还对西洋的《人体解剖学》十分关注，甚至亲自参与了对一只冬眠的熊进行解剖的实验。

康熙一生自强律己，他说：“幼龄读书，即知酒色之可戒，小人之宜防，所以至老无恙。”他终生不酗酒，不荒淫，不亲昵小人。他还是一位终身读书学习的皇帝，从五岁开始到六十九岁故去，其间经历了“少年”“青年”“盛年”“老年”等几个人生阶段，能够做到“好学”“苦学”“博学”“通学”，十分难得。康熙处理军国大事，有两个显著特点，一个是“勤”，另一个是“慎”。“勤政实为君之大本，怠荒实亡国之病源。”康熙从十四岁亲政以来，常年坚持御门听政，“一岁之中，昧爽视朝，无有虚日。亲断万机，披览奏章。”康熙从亲政之日起，直到去世前，除因生病、三大节、重大变故外，几乎天天听政；而且对于关系到国计民生的大事，从来都是反复调查，慎重决策。

康熙二十八年，大清和沙俄进行谈判，准备签订《尼布楚条约》。在谈判过程中，康熙感觉如果没有一幅精准、完备的全国地图，对国家安全非常不利。就在这个时期，法国传教士向康熙进献了一幅亚洲地图。中国古人的观念都是“天圆地方”，而这幅地图是以“地球是圆形的”观念为基础，这给康熙带来很大的启发。此后，西征、南巡、北巡，康熙都要求传教士和钦天监的官员随行，沿途测量地形地貌，历时十一年，终于在康熙的一手策划和监督下，绘制出当时世界上最精确的一幅中国地图——《康熙皇舆全览图》。

六朝时期著名学者颜之推写了一本著名的《颜氏家训》，其中有这样一段话：“幼而学者，如日出之光；老而学者，如秉烛夜行，犹贤乎瞑目而无见者也。”意思是说，小时候读书，就像喷薄而出的太阳一样，光芒万丈，前途不可限量；而老年以后读书，就像你拿着一个蜡烛，或者打着一支火把，在夜里行走，能照见前进的道路，也能照亮你的人生。好学不倦的康熙早已把读书当成了一种生活方式，读书是一条或许辛苦的道路，但是这更是一条通向光明的道路。

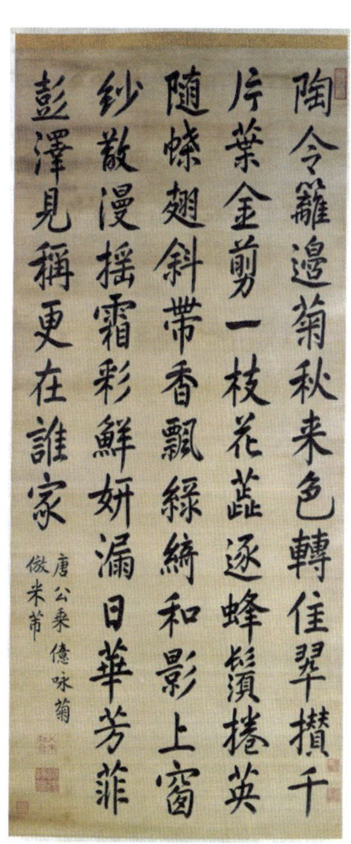

康熙帝行楷书仿米诗轴（清）

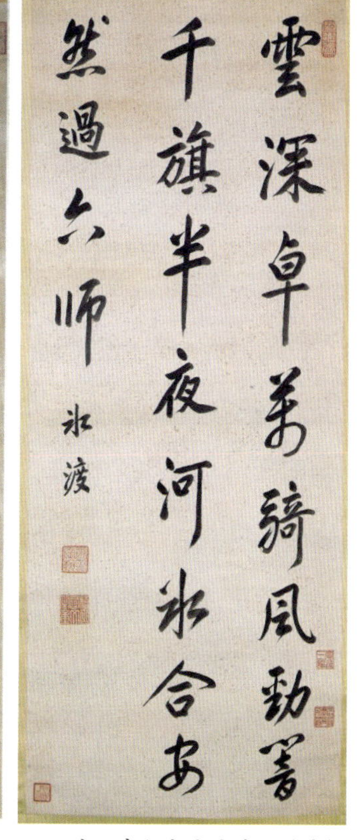

康熙帝行书冰渡诗轴（清）

六十一年春斋戒书

清·康熙

性理参天地，经书辅国朝。

勿劳民力尽，莫使俗氛嚣。

不误农桑事，须轻内外徭。

风高林鸟静，雨足路尘消。

视察焉能隐，行藏岂可摇。

桑榆虽景暮，松柏后霜凋。

长养春容盛，宽严君德调。

倦勤应不免，对越愧明昭。

这首诗写于康熙六十一年（1722），这一年康熙六十九岁，是他在位的最后一年，也是他人生的最后一年。正月初一，康熙兴致勃勃写下这首《六十一年春斋戒书》。“斋戒”是指古人在祭祀前沐浴更衣，不饮酒，不吃荤，不与妻妾同寝，整洁心身，修行警惕，以示虔诚。所谓“湛然纯一谓斋，肃然警惕之谓戒”，此诗正是借斋戒而自省，所论及的都是思想修养和治国理政的问题，表现了康熙克遂初衷、励精图治的人生追求。

康熙为人及其治国的特点，都集中反映在这首诗中。康熙认为文化教育不能松懈，百姓民力不可耗尽，不能助长浮伪庸俗的社会风气，务必实行轻徭薄赋、宽严相济的治国策略；体察民情、仁爱施政的抱负不能动摇，为君者务必做到勤政慎行，方能安邦治国，不愧祖先，不负万民。

文史小贴士

《康熙字典》

《康熙字典》是中国首部官修字书，也是中国首部以“字典”命名的工具书。清康熙四十九年（1710），康熙皇帝下诏编纂一部大型字书。文华殿大学士兼户部尚书张玉书、文渊阁大学士兼吏部尚书陈廷敬主持编修，近三十位纂修官昼夜伏案查阅典籍、撰写文稿，历经六秩寒暑，终于纂成。编纂者们对传统字书和典籍进行了大规模的集中整理，字音、释义搜罗完备，书证旁征博引包罗万象，集古代字书大成。

《康熙字典》全书12集36卷，收字47035个，在中国古代字书中收字量位居首位。它的编纂开启了清代整理中华文化典籍之风，康熙御赐“字典”二字也由此作为字书定称沿用至今。这部字典使用的214部首检字法成为定则，编排体例对后世辞书产生了极为深远的影响。

乾隆皇帝靠读书提升气质

人们经常用“腹有诗书气自华”来形容读书对一个人的影响。有人总结读书有两大好处：第一，读书提高自身修养，让你的气质与众不同；第二，读书改变个人命运，让你的人生“全面开挂”。有一位历史人物，因为读书提升了个人气质，从而改变了个人命运，一举成为一代风云人物，他就是清朝第六位皇帝乾隆。

乾隆皇帝朝服像轴（清·乾隆）

乾隆的名字叫爱新觉罗·弘历，他六岁开始读书，十二岁那年，他的父亲爱新觉罗·胤禛也就是后来的雍正皇帝第一次带他去圆明园，正式拜见他的祖父康熙。传说康熙在此之前见了很多皇子皇孙，都非常失望。为什么呢？康熙是中国历史上少有的一位读书特别用功的皇帝，他终生学习，手不释卷，思维活跃，眼界开阔。康熙看不上那些不学无术、养尊处优的皇子皇孙，他一直希望挑选一个像他一样刻苦读书且胸怀天下的继承人。康熙第一次见到弘历的时候就非常喜欢，他觉得这个孙子有一种“英雄气象”。

绛丝乾隆御临苏轼帖轴（清·乾隆）

那康熙是怎么看出来弘历有“英雄气象”的呢？最主要的一点，是弘历的个人气质打动了康熙。康熙问弘历：你读过什么书？读过什么散文？弘历回答说：我读过《爱莲说》。康熙问：你能读一段吗？弘历张口就把整篇《爱莲说》背诵下来。康熙又问弘历几个相关的问题，弘历一一回答，并阐释了自己的看法，表达十分到位，给康熙留下了深刻印象。这之后，康熙做出了两个重要决定：第一，下旨把这个孙子养育在宫中，由他本人亲自教导；第二，康熙临终前表达了一个意愿，希望四子雍亲王胤禛继承皇

澄泥乾隆御制赏砚（清·乾隆）

王致诚乾隆射箭图屏（清·乾隆）

位，特别嘱咐让胤禛的儿子弘历做皇太子。

后来的事情我们都知道，弘历在雍正之后继承皇位，就是乾隆皇帝，乾隆二十五岁登极，在位六十年，太上皇四年，享年八十九岁，是中国有文字记载以来享年最多的皇帝，也是实际执政时间最长的皇帝。他在位期间编修文化典籍，维护、兴建皇家园林，施展诗文才华，蠲免天下钱粮，统一新疆、治理西藏；修砌浙江海塘，促进中华各民族统一，有很多历史功绩。乾隆曾自我总结一生有“十全武功”，自诩为“十全老人”。当然，作为早年刻苦读书的一大成果，乾隆还向世人贡献了诗文才华。有学者统计，在乾隆八十九岁的人生当中，一共写下了四万多首诗。我们对比一下《全唐诗》，收集了唐代两千两百多位诗人的作品，总计四万八千多首；而乾隆

青玉“乾隆御笔三希堂记”册（清·乾隆）

皇帝的本职工作是帝王，只是一个业余诗人，以一人之力，作品数量竟然与全唐诗的规模相当，足见其勤奋的程度。可以说，乾隆诗作之多，有史以来首屈一指。所以说，读书不仅养成了乾隆的独特气质，也确实影响了他的一生。

诗文雅韵

读《贞观政要》

清·乾隆

懿德嘉言在简编，忧勤想见廿三年。

烛情已自同悬镜，从谏端知胜转圜。

房杜有容能让直，魏王无事不绳愆。

高山景仰心何限，字字香生翰墨筵。

乾隆对唐太宗贞观之治较为推崇，他曾说："余尝读其书，《贞观政要》，想其时，未尝不三复而叹曰：贞观之治盛矣!……人君当上法尧舜，远接汤武，固不当以三代以下自画，然观尔日君臣之所以持盈保泰，行仁义，薄法术，……"此诗就是他读《贞观政要》后的感想。

乾隆对其祖父康熙极为崇拜，并且怀有真挚的感情，他曾说："天地之泽靡不均被，而有得之最深者焉，弘历得皇父之泽最深者也。"他饱读诗书，善于思考，对历史上的治乱兴衰之道非常关切。他深知，祖父康熙当政时，朝虽立国未盛、民未安，守成与创业是康熙时代面临的两大课题。康熙勇武且奋进，高远且大度，仁爱且韬略，其人性品格对乾隆影响很大。尤其是康熙大力推行宽松仁慈的政治制度，即“非遍覆包涵，不足以厚生养而定民志”，使得乾隆对“宽仁”施政比较推崇。

文史小贴士

《爱莲说》

《爱莲说》是北宋哲学家周敦颐创作的一篇议论性文章。“说”是古代的一种议论性文体，写法上比较自由，大多是就一事、一物或一种现象抒发作者的感想，类似现代的杂文。周敦颐曾任南康军地方行政长官，他命人在官衙一侧挖池种莲，名曰“爱莲池”，又托物言志，写下了这篇文章。《爱莲说》通过对莲的形象和品质的描写，歌颂了莲花坚贞高洁的品格，从而表现了作者洁身自爱的高洁人格，以及对追名逐利的世态的厌恶。

剔红周敦颐爱莲图圆盒（明·永乐）

古代皇子读书也很忙

清代的皇家十分重视对皇子的教育，因此清代的许多皇子读书还是很用功的。

首先，读书的时间长。据史料记载，清代皇子通常六岁开始读书，一年到头只休息两天：元旦休息一天；农历腊月二十九、三十各休息半天，加在一起是一天。这是清代宫廷早期的规定，后来到了清末慈禧当政的时候，慢慢放宽了要求，皇子们一年可以休息差不多一个月，相当于现在的孩子们放了一个寒假。

康熙帝便装写字像轴（清）

再有，读书的科目多。先是要

读“四书”，即《论语》《孟子》《大学》《中庸》；接着要读“五经”，即《周易》《尚书》《诗经》《礼记》《春秋》。接下来升级为“十三经”，即继续学《诗经》《尚书》《周易》，加上“三礼”（《周礼》《仪礼》《礼记》）“三传”（《春秋左传》《春秋谷梁传》《春秋公羊传》），外加《论语》《孟子》《孝经》《尔雅》。

以上这些书，从小学到大，还要求背诵；不仅背诵原文，还有原文后面的注解，就是历朝历代的文人大儒、名臣、智者对原文的阐释。

第三，读书的范围广。在儒家经典之外，还要读文史知识，包括中华几千年以来的历史、绘画、书法等。除此之外，还有几部很重要的书。比如，有一部是《圣迹全图》，是乾隆十二年大臣于敏中手绘的孔子从降生到去世的大事记；还有一部是明代宰相张居正编的《帝鉴图说》，书中有八十一个历朝历代皇帝成功的范例，还有三十六则失败的、暴君的案例。

《圣迹全图》（清·乾隆）

这里列举一份历史文献，来感受一下皇子们读书的作息时间表。《康熙起居注册》等史料记载，康熙二十六年（1687）六月初十日，皇子一天读书的情况：

寅时（3—5时），皇太子在书房读书，复习前一天的功课；

卯时（5—7时），老师们进书斋向皇太子行礼，然后监督皇太子背诵《礼记》中的章节，还要再写毛笔字楷书数百字；

孝全成皇后与幼子像轴（清·道光）

辰时（7—9时），康熙早朝回来检查皇太子的功课；

巳时（9—11时），皇太子写一篇满文书法请老师检查，又把《礼记》中的篇章读一百二十遍；

午时（11—13点），吃午饭，饭后接着背诵《礼记》；

未时（13—15时），吃点心，在户外练习射箭；

申时（15—17时），康熙再来书斋检查学习情况，抽查文章背诵和书法；

酉时（17—19时），康熙召集皇子们在一起比赛射箭。当天色完全暗下来，老师们下班回家，皇子们一天的功课结束。这番情景，让人想起唐代书法家颜真卿写过的一首诗《劝学》："三更灯火五更鸡，正是男儿读书时。黑发不知勤学早，白首方悔读书迟。"

示诸皇子

清·康熙

勤俭守家法，为仁勉四箴。

读书须立体，学问便从心。

佻达愆非浅，浮华罪渐深。

人皆知此道，何必论古今。

在清朝的十二位皇帝中，康熙对子孙“督教以严”最为出名，在这首诗中也可见一斑。

康熙为使大清的江山世代永固，社稷绵延亿万斯年，十分重视对皇子的教育。他对子孙的教育方式多种多样，既有“言传”也有“身教”，但最主要、最基础的方式还是上学读书。康熙亲自确立了皇子皇孙的教育制度，还仔细为他们挑选师傅：汉人师傅以当朝名儒为主，主要负责教授儒家经典；满人师傅称为“谙达”，“内谙达”负责教授满文和蒙古文，“外谙达”负责教授弓箭骑射技艺。皇子皇孙自六岁起在上书房读书，从早到晚，学习安排紧凑，读书内容丰富，教学考查严格。

康熙教育子孙是他为君之道的重要内容，在他的三十五个儿子中，序齿的有二十四位，实际成人（年满十六岁）的有二十位。康熙对这些皇子有着不同的教育规划，首先为“成龙”，其次为“襄政”，又次为“领兵”，再次为“务学”，复次为“书画”。有研究者指出，清朝的皇帝没有暴君、昏君、怠君，其中还不乏雍正、乾隆这样杰出的继承者；康熙的皇子中亦没有无所事事、不学无术的庸才，没有为非作歹、游手好闲的纨绔子弟，这在封建帝制时代并不多见。

文史小贴士

《帝鉴图说》

《帝鉴图说》全称《历代帝鉴图说》，是明代万历年间的宰相张居正为万历皇帝少年时代编选讲解的政治启蒙课讲义，“帝鉴”取唐太宗以古为鉴之意。全书共选编了历代帝王政治故事117篇，每篇都由明代画师专配一图，有如连环画一般，便于阅读理解。该书原版分上、下两编。上编题目为“圣哲芳规”，内容以历代帝王中著名的仁心德政事迹为主；下编题目为“狂愚覆辙”，内容以历代帝王中昏庸荒暴、败政杀身的亡国之君事例为主。上、下两编好似可以正照反观的双面镜，为少年万历了解历史提供了生动的素材。

张居正（1525—1582），字叔大，号太岳，汉族，幼名张白圭，明代湖广江陵（今属湖北省荆州市）人，时人又称张江陵。明朝中后期政治家、改革家，万历时期的内阁首辅，辅佐万历皇帝朱翊钧开创了“万历新政”。

神奇脑路的作业题，难不过古人的对联

有网友发起讨论，一批“靠想象才能完成的小学作业题”着实火了一把，小学作业题神奇的“脑路”，让家长们哭笑不得。其实，在中国古代，难题也不少，有些题目直到今天，都还没有最佳答案呢。

清代学者褚人获编写的笔记小说《坚瓠

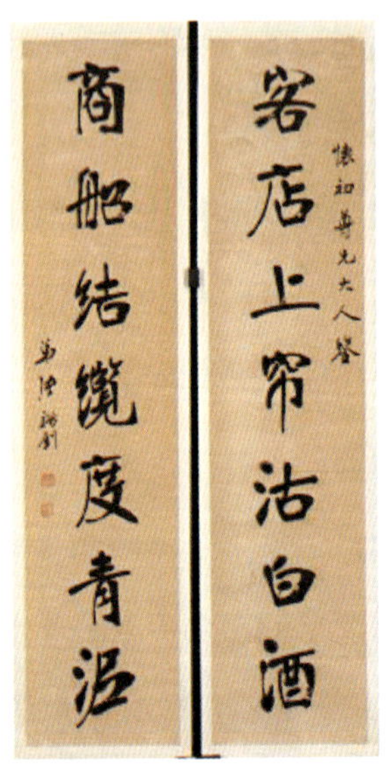
张裕钊行书七言联（清）

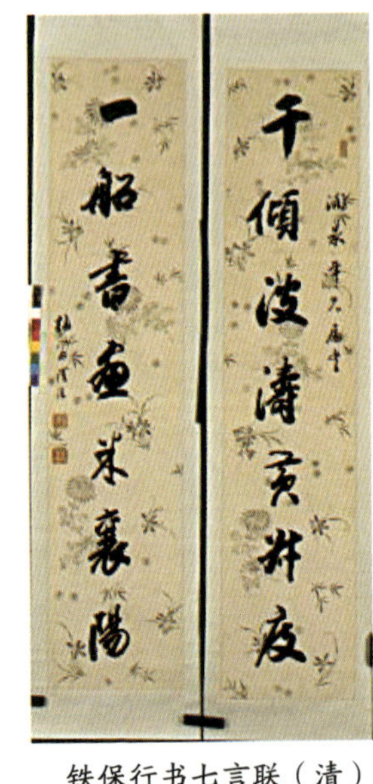
铁保行书七言联（清）

集》记载了这样一个故事："南阳李文达公贤先任浙中学使，微行至余姚。有两生对弈，因曰：'宗师至，尚弈乎？'两生曰：'我何书不读，岂惮试？宗师能作百人名题目试我乎？'"说的是明代名臣李贤（1409—1467，字原德，谥号文达）在正统年间曾赴浙江担任学使，负责主持地方的乡试，为国选材。李贤来到余姚时，正巧遇到两位考生在下棋娱乐，就提醒他们说：听说主考官已经来浙江了，两位还不抓紧时间备考，怎么还在这里娱乐休闲呢？两位考生的回答是：我什么书没读过，难道还怕这次考试不成？主考官有本事出一道难题来考我，出一个有一百个人名的题目让我来答。言外之意，历年的命题循规蹈矩，毫无新意，自己志得意满且十拿九稳。"及试余姚，论题曰'用兵最精'，策题曰'孔门七十二贤，贤贤何德；云台二十八将，将将何功'。"等到余姚乡试的时候，"论题"只有四个字，即"用兵最精"，而"策题"别出心裁，真的问了一道一百个人名的问题！孔子弟子三千，出了七十二贤人；汉光武帝刘秀表彰了二十八位开国将军，一次把这一百来人的文治武功全都答出来，考生办不到呀！事后"诸生茫然，齐起跪问"，李贤这样教导他们："《千字文》且不能记，百人名亦不省，何

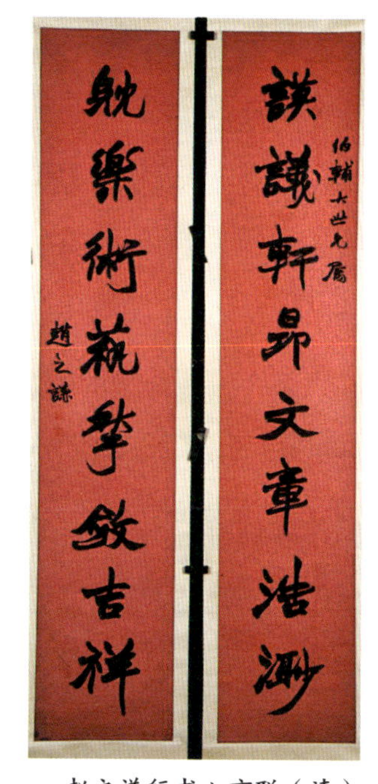
赵之谦行书八言联（清）

谓读书？知汝辈今科无一举人在内。”结果，在这一年余姚的乡试中，这一科的考生“无一人得隽者”。

还有的题目，比这还难，难得没有答案，难得成为一个美丽的遗憾。四川成都的府河边，有一座传奇小楼，名叫“望江楼”，这座楼以一副史上最难对联而闻名天下。这副对联只有上联，至今没有合适的下联。它的上联是：望江楼，望江流，望江楼上望江流。江流千古，江楼千古。这句上联意境深远，韵味悠长，而且对仗工整，有静有动。最妙的地方还在于古汉语里，包括现在一些地方的方言里，“楼”和“流”是同音字，比如粤语或者闽南语都是这样。相传，民国时期一位来自什邡的文艺青年对了一个下联，还不错：印月井，印月影，印月井中印月影。月井万年，月影万年。

但这也不是最佳答案，因为下联的“万年”和上联的“千

何绍基行书七言联（清） 何绍基楷书八言联（清） 何绍基隶书七言联（清）

古”意思重复了。再有，以“影”对“流”，一个是名词，一个是动词，也不算是完美。所以，望江楼的这副下联还在等待着更好的答案。

诗文雅韵

宁府上房对联

清·曹雪芹

世事洞明皆学问，

人情练达即文章。

这副对联出自曹雪芹《红楼梦》第五回“游幻境指迷十二钗，饮仙醪曲演红楼梦”，贾宝玉随贾母等至宁国府赏梅，倦怠欲睡中觉，侄媳秦可卿先领他到上房内间：“宝玉抬头看见一幅画贴在上面，画的人物固好，其故事乃是《燃藜图》，也不看系何人所画，心中便有些不快。又有一幅对联，写的是：世事洞明皆学问，人情练达即文章。及看了这两句，纵然室宇精美，铺陈华丽，亦断断不肯在这里了，忙说：‘快出去！快出去！’”其中写到的“燃藜图”又叫“杖藜图”，根据东晋王嘉《拾遗记·刘向别传》记载：汉代学者刘向在天禄阁校书，一天晚上，黑暗中走出一个拄着青藜杖的黄衣老者，在刘向面前点亮了他的藜杖，对刘向讲述开天辟地之前的洪荒往事，并传给他《洪范五行》的文本，一直到天明才离去。《燃藜图》画的就是这个故事，一直被用来劝诫年轻人要勤学苦读。

这两句话字面的意思是，能把人情世故弄懂也是一门学问，练就一套人际交往“左右逢源”的本领也超过写一手好文章了。这两句话所代表的恰恰是当时官宦人家的处世哲学，讲求“仕途经济”，撺掇年轻人钻进趋炎附势的“关系网”，学会圆滑处世，以获得自身的生存和发展。

今天的人们引用这副对联时，已经多了些积极意义。若以健康的人生观和价值观重新改造这两句话，便可以赋予对联以新的含义：多参加社会实践，多观察和了解现实生活，就会开阔眼界、增长才干，从而获得另一番真知灼见。

文史小贴士

望江楼

“望江楼”是坐落于四川成都锦江南岸的一座古建筑，“望江楼”是其民间俗称，正名为“崇丽阁”。崇丽阁是一座高27.9米全木结构的建筑，其名取义于晋代文学家左思的《蜀都赋》中“既丽且崇，实号成都”崇丽二字，因其矗立在锦江岸边，民间称之为“望江楼”，楼上供奉有文曲星。“望江楼”及其周边的古建筑群，现为望江楼公园，属于全国重点文物保护单位。

参考文献

1.张秉戍选评. 元明清词［M］. 北京：文津出版社，2019.05.

2.袁行霈著. 好诗不厌百回读［M］. 北京：北京出版社，2019.03.

3.邓启铜，诸华注释. 中华优秀传统文化经典系列 诗经［M］. 北京：北京师范大学出版社，2019.03.

4.徐中玉主编. 中国古典文学精品普及读本 历代名家书简［M］. 广州：广东人民出版社，2019.03.

5.蒙曼著. 蒙曼品最美唐诗 人生五味［M］. 杭州：浙江人民出版社，2018.12.

6.杨富有著. 元代上都诗歌选注［M］. 北京：中国书籍出版社，2018.12.

7.斗南主编. 国学知识全知道［M］. 北京：北京联合出版公司，2018.10.

8.韦凤娟，韩传达主编. 中国古典文学名著精品 诗经与楚辞精品［M］. 长春：时代文艺出版社，2018.07.

9.吕思勉著. 中国历史常识［M］. 北京：台海出版社，2018.05.

10.谢谦编著. 国学词典［M］. 成都：四川辞书出版社，2018.05.

11.康震著. 康震讲诗词经典［M］. 北京：中华书局，2018.01.

12.黄永川著. 中国插花史［M］. 杭州：西泠印社出版社，2017.12.

13.尹博，毕宝魁著. 万象国学坊系列 唐诗三百首精粹品读［M］. 沈阳：辽宁教育出版社，2017.12.

14.刘守华著. 中国民间故事史［M］. 北京：商务印书馆，2017.11.

15.郭齐家著. 教育立命之道与中华文化复兴［M］. 北京：人民教育出版社，2017.10.

16.上海辞书出版社文学鉴赏辞典编纂中心编. 元明清词鉴赏辞典：新一版［M］. 上海：上海辞书出版社，2017.08.

17.隋炳芸编写. 中国历史故事 春秋战国［M］. 长春：北方妇女儿童出版社，2017.08.

18.张庆生，刘守昌，杨俊灵主编. 古诗词选读［M］. 镇江：江苏大学出版社，2017.05.

19.朱立春主编. 中国通史［M］. 北京：北京联合出版公司，2017.02.

20.杜文玉主编. 中国古代历史三百题［M］. 北京：商务印书馆国际有限公司，2017.01.

21.傅维利主编. 中华优秀传统文化 第1卷［M］. 大连：辽宁师范大学出版社，2016.10.

22.傅维利主编. 中华优秀传统文化 第2卷［M］. 大连：辽宁

师范大学出版社，2016.10.

23.傅维利主编. 中华优秀传统文化 第3卷［M］. 大连：辽宁师范大学出版社，2016.10.

24.傅维利主编. 中华优秀传统文化 第4卷［M］. 大连：辽宁师范大学出版社，2016.10.

25.傅维利主编；杨宏丽，段进生，李春副主编；侯新磊等编. 中华优秀传统文化 第5卷［M］. 大连：辽宁师范大学出版社，2016.10.

26.陆机编著. 国粹图典 茶艺［M］. 北京：中国画报出版社，2016.09.

27.（宋）庄绰撰. 鸡肋编 唐宋史料笔记丛刊［M］. 北京：中华书局，2016.03.

28.《中华大典》工作委员会，《中华大典》编纂委员会编. 中华大典 工业典 食品工业分典 1［M］. 上海：上海世纪出版股份有限公司；上海古籍出版社，2015.12.

29.吴松林译；王琪编注. 曹雪芹诗词 汉、英［M］. 北京：北京理工大学出版社，2015.07.

30.白寿彝总主编；王毓铨主编. 中国通史 16 第9卷 中古时代 明时期 下［M］. 上海：上海人民出版社，2015.06.

31.张贤明主编. 中国好诗歌 最美的古诗词［M］. 北京：现代出版社，2015.01.

32.王紫微编著. 古代怀古诗词三百首［M］. 北京：中国国际广播出版社，2014.09.

33.袁行霈著. 中国文学史 第1卷 第3版［M］. 北京：高等教育出版社，2014.05.

34.于佩琴，段钟嵘主编. 避暑山庄御制诗联解读与品评［M］. 保定：河北大学出版社，2013.12.

35.张国钧编著. 镜鉴 中国古代俭奢事典［M］. 石家庄：河北人民出版社，2013.11.

36.辽宁省人民政府地方志办公室整理. 盛京通志 第3函 卷27—卷40［M］. 沈阳：辽宁民族出版社，2013.08.

37.黄仁达编撰/摄影. 中国颜色［M］. 北京：东方出版社，2013.06.

38.夏征农，陈至立主编；大辞海编辑委员会编纂. 大辞海 美术卷［M］. 上海：上海辞书出版社，2012.12.

39.（唐）段成式撰；曹中孚校点. 历代笔记小说大观 酉阳杂俎［M］. 上海：上海古籍出版社，2012.08.

40.朱一玄编. 中国古典小说名著资料丛刊 《红楼梦》资料汇编［M］. 天津：南开大学出版社，2012.05.

41.霍建瀛著. 尚古情怀书系 生活情韵［M］. 北京：中国地图出版社，2012.04.

42.张帆编著. 安徽大农业史述要［M］. 合肥：中国科学技术大学出版社，2011.10.

43.霍旭东主编. 历代辞赋鉴赏辞典［M］. 北京：商务印书馆国际有限公司，2011.08.

44.李湧著. 中国花木民俗文化［M］. 郑州：中原农民出版社，2011.05.

45.张岱年主编. 孔子百科辞典［M］. 上海：上海辞书出版社，2010.08.

46.孔健著. 阳光下的孔子 孔子与大众传播学［M］. 北京：

中国民主法制出版社，2009.06.

47.蔡景仙主编. 红楼梦诗词鉴赏［M］. 呼和浩特：内蒙古人民出版社，2008.04.

48.毕宝魁著. 国学知识讲话［M］. 沈阳：沈阳出版社，2007.01.

49.邵其夫编译. 中国历代精品诗词赏析 红楼梦诗词 图文版［M］. 呼和浩特：内蒙古人民出版社，2006.08.

50.聂作平著. 苏东坡游传 宋朝第一玩家的别致人生 像古人一样生活［M］. 上海：上海社会科学院出版社，2006.01.

51.伊永文著. 到古代中国去旅行 古代中国风情图记［M］. 北京：中华书局，2005.01.

52.毕宝魁，艾丽辉著. 中国古典诗词鉴赏与写作［M］. 沈阳：辽海出版社，2003.08.

53.岳希仁编著. 古代咏史诗精选点评［M］. 桂林：广西师范大学出版社，1996.10.

54.任继愈总主编；范楚玉主编. 中国科学技术典籍通汇 农学卷 4［M］. 开封：河南教育出版社，1994.

55.程千帆，吴新雷著. 两宋文学史［M］. 上海：上海古籍出版社，1991.02.

56.冯其庸，李希凡主编. 红楼梦大辞典［M］. 北京：文化艺术出版社，1990.01.

57.杨金鼎主编. 中国文化史词典［M］. 杭州：浙江古籍出版社，1987.08.

58.中国人民政治协商会议全国委员会文史资料研究委员会编. 辛亥革命回忆录 第1集［M］. 北京：文史资料出版社，1961.10.

后记

当我还是一名高三学生的时候，第一次看见母校的招生简章，上面的一段话深深地打动了我：“在百鸟园之侧，新开河之畔，东以昭陵郁郁葱葱为映衬，西与辽代巍巍古塔相呼应，这就是你的大学。”这意境太美了，循着文采飞扬的文字，我考入了辽宁大学中文系。许多年过去了，从本科到博士，从一名学生到一名教师，我与母校一天都没有分开过，陪着她、看着她、想着她、盼着她，和她一起成长，见证她的春秋与冬夏。

中文专业的耳濡目染，为我构筑起一个系统庞大、内容丰富的“大千世界”。还记得本科学习的那四年，我和小伙伴们每天在崇山校区的哲经楼进进出出，教室的门楣上高悬着一块牌匾，上面是沈延毅先生题写的四个苍劲有力的大字——“斯文不坠”。大学的学习生活让我开始思考，要做一个有“风骨”的人，要像海绵吸水一样从传统文化中汲取营养，要有一种使命和担当，作为一个中国人，要把灿烂辉煌的中华文明传承下去。

留校任教以后，有一段时间学院安排我从事《世界文明史》的教学工作。这段教学经历，让我有机会站在世界文明的角度，将世界历史上各个民族、国家的文明与中华文明进行比对、鉴别，进一步加深了我对中华优秀传统文化的理解与认知，更觉得她光灿古今、卓然不凡。

每年的9月份是各个学校新学期开学的日子，而且在9月份还有一个重要的节日——“教师节”。人们歌颂教师无私奉献的崇高精神，引用唐代李商隐的诗句，“春蚕到死丝方尽，蜡炬成灰泪始干”，把老师的执着奉献比喻为“蜡烛”，点燃自己，照亮别人。

《论语·子罕篇》中有这样一段记载：

颜渊喟然叹曰：“仰之弥高，钻之弥坚，瞻之在前，忽焉在后！夫子循循然善诱人，博我以文，约我以礼，欲罢不能。既竭吾才，如有所立卓尔。虽欲从之，未由也已！”

在这里，孔子的学生颜渊非常感慨地说：“老师的学问修养真是了不起！每当我抬头仰望，都会觉得老师的思想十分伟大，每每用心钻研，更觉得深奥厚重，眼看着道理就摆在眼前，可忽地一下又被落在后边。老师教我们的时候很有耐心，一点一滴地熏陶，一步一步地引导，用渊博知识丰富我们的才学，用礼仪规范约束我们的举止，在老师的悉心教导下，我们从未停下过成长的步伐。我倾心学习且竭尽全力，紧随老师的脚步，让人格高高地站立。我想一直追随老师继续前行，但好像还是没有找到通达那种境界的路径。”这段话，可以说是颜渊的肺腑之言，他深知老师的人格魅力和深厚底蕴，自愧不能达到老师那样的人生境界，但是他从未停下成长的脚步，“欲罢不能”地执着前行。

在教导弟子方面，孔子从来不是“急功近利”的，他的教育方法是“循循善诱”。孔子一直在启发他的学生们，要理解成长的“过程性”。韶华易逝、时不我待，永不停止的光阴流逝就好像永不停歇的奔腾河流，“逝者如斯夫！不舍昼夜”，学生们当知“惜阴”。不仅如此，还要持之以恒，坚韧不拔，好学不厌。“譬如为山，未成一篑，止，吾止也！譬如平地，虽覆一篑，进，吾往也！”就好比是堆土成山，人生的高地哪有那么容易筑就，就差一筐土了，你却停下来，那是你自己的问题，这就叫“功亏一篑”！“成长”不可能一蹴而就，先是在平地上打基础，一筐土一筐土地往上累积，虽然每次只是一筐土，那也是有韧性地坚持，只要锲而不舍地干下去，那就是人生的拾阶而上，积累日常每一小步，终成人生进一大步。

在中华优秀传统文化面前，我永远是一名小学生。这本书亦是多年来我致力于中华优秀传统文化的传承与创新工作的点滴积累，虽然我已经尽力，但因水平有限，书中疏漏之处在所难免，恳请有关专家学者批评指正。

李　东

2024年1月于沈阳